新モンゴル紀
ザナバザルの造りし美仏のもとへ
菊間潤吾
とんぼの本
新潮社

はじめに

「モンゴル」という地名を知らない日本人は恐らくいない。国内の歴史の教科書ならば、ユーラシア大陸を股にかけて瞬く間に巨大なモンゴル帝国の礎を築いたチンギス・ハーンの話は必ず載っている。13～14世紀のこのモンゴル帝国の膨張は、日本から見れば、元寇（＝モンゴル襲来）という強烈な脅威にさらされた歴史の一章であるが、数百年の年月を経た現代では、このことでモンゴルに対してとりたてて否定的な感情を持っている日本人はほとんどいないだろう。近年、大相撲では多くのモンゴル出身力士が活躍しており、かえってモンゴルに対して親近感を持つ日本人も増えているように思う。

私自身も含め多くの日本人は、「モンゴル」という地名を聞けば「緑の大草原」「遊牧の民」といったイメージが湧き、そういった言葉の響きから壮大で力強く、自由なロマンをどこか感じるのではないだろうか。ところが、ある意味でとても身近な外国とも言えるモンゴルを実際に訪れる日本人は、年間わずか1万８０００人に満たない。年間１８００万人ほどが海外へと渡航するなかで、この数はあまりにも少ない。

訪れる日本人が少ない魅力的な地域への旅をプロデュースすることに生きがいを感じる私としては、かねてよりモンゴルをじっくりと視察して、魅力溢れる旅づくりをしたいと思っていた。幸運なことに、２０１４年、ようやくモンゴルを訪ねる機会を得た。モンゴルの代名詞とも言え

る、緑色をした輝かんばかりの大草原の美しさに感動し、遊牧民の笑顔に癒やされた。一方で、首都ウランバートルは予想外の大都会であり、あるときは朝の散歩をしながら、あるときは自転車をレンタルして町の散策を楽しんだ。

仏教寺院で地元の人々が老若男女を問わず、朝に夕に、たとえば、ガンダン寺やダシチョイリン寺を訪れて徳を積む姿は印象的であった。民主化後、モンゴルにおけるチベット仏教は復興へ向けて力強く前進している。

だが、私の心をことさらに強く捉えたのは、後にモンゴル最初の転生活仏（ジェブツンダンバ・ホトクト1世）となったザナバザルが制作する一群の仏像であった。ザナバザルの仏像を実際に目にした瞬間、私は強い衝撃を受けた。これまで見てきた仏像とは異なる様式。妖艶な笑みとしなやかさ、後ろ姿にはエロチシズムすら漂う。静かな呼吸と衣擦れが聞こえてきそうな繊細さと、いきいきと表現された女性美に圧倒されるばかりである。聞くと、ザナバザルは欧米では「東洋のミケランジェロ」と呼ばれているという。これは旅のプロデューサーとして、この業界で40年以上も働いてきて、ザナバザルの仏像を日本で紹介しないことは許されないのではないか、とさえ思えてきた。

文化的に豊潤な地域を旅することの愉しみがモンゴルにはある。果てしない草原はもちろん、日本ではまだあまり知られていない仏教美術と伝統文化の魅力を訪ねるモンゴルの旅へとお誘いしたい。

菊間潤吾

チンギス・ハーン広場の北側に建つ政府宮殿（国会議事堂）

目次

コラム

第1章

〝東洋のミケランジェロ〟ザナバザルの仏教芸術

ザナバザル《白いターラー菩薩像》 18世紀初頭　銅製鍍金
高69cm　ウランバートル、ザナバザル美術館蔵

［右頁］両眼に加え、眉間、両掌、両足裏に穿たれた目は慈悲の心を象徴する。
［左頁］後ろ姿の腰回りは、妖艶ささえ感じさせる。
［共に］ザナバザル《白いターラー菩薩像》 ザナバザル美術館蔵　全図は37頁

ザナバザル《宝生如来像》 17世紀 銅製鍍金
高70㎝ ウランバートル、チョイジン・ラマ寺院博物館蔵 全図は45頁

［右頁］ ザナバザル《毘盧遮那如来像》部分 18世紀初頭 銅製鍍金 高71・5㎝ ウランバートル、ザナバザル美術館蔵 全図は40頁

ザナバザル《阿閦如来像》 18世紀初頭 銅製鍍金
高71cm ウランバートル、ザナバザル美術館蔵 全図は40頁

ザナバザル《不空成就如来像》 18世紀初頭 銅製鍍金
高70cm ウランバートル、ザナバザル美術館蔵 全図は40頁

ザナバザル《阿弥陀如来像》18世紀初頭　銅製鍍金
高70・5㎝　ウランバートル、ザナバザル美術館蔵　全図は40頁

ザナバザル《執金剛神像》 17世紀　銅製鍍金
ウランバートル、ガンダン寺蔵

ザナバザル《歓喜仏像》 17世紀　銅製鍍金
ウランバートル、チョイジン・ラマ寺院博物館蔵　全図は45頁

ザナバザル《緑のターラー菩薩像》17世紀　銅製鍍金
高76・5㎝　ウランバートル、ボグド・ハーン宮殿博物館蔵

緻密な装飾もザナバザル像の魅力。
ザナバザル《緑のターラー菩薩像》
ボグド・ハーン宮殿博物館蔵

天才仏師ザナバザルの生涯

「東洋のミケランジェロ」などと称されるザナバザル（1635〜1723年）。モンゴル初の転生活仏（仏の化身）であり、最高の仏師、芸術家である。ザナバザルの教えと彼の美を追求した魅惑の仏像は、モンゴルの人々がチベット仏教を受け入れる上で大きな力となった。

ザナバザルは1635年、トゥシエート・ハーン族の王ゴンボドルジの第2子として、カラコルム（現ハラホリン村）からそう遠くない、草原の広がるイスンズイルで生まれた。北モンゴルのハルハ地方に仏教を取り入れ、カラコルムにエルデニ・ゾー寺院を創建したアバダイ・ハーンの曽孫であり、チンギス・ハーンの血筋を引く名門の出自である。

数え3歳の時には、誰かから手ほどきを受けたり、促されたりすることもないのに、一日中、祈りの言葉を朗読していたという。それ以外の時間には小さな寺院の模型や仏像を作ったり、チベットの高僧の絵を描いたりしていたと言い伝えられている。そして数え5歳の時、チベットの高僧ターラナータ（1575〜？）の化身に認定された。モンゴル初の転生活仏の誕生である。

ターラナータは『インド仏教史』（1608年）を著し、晩年はモンゴルに移って数々の寺院を建立。ハルハ地方で入寂したチベット仏教チョナン派の高僧であった。ターラナータは「最高の聖者」という意味のチベット語ジェブツンダンバという称号で呼ばれており、転生者と認められたザナバザルもジェブツンダンバ・ホトクトと呼ばれるようになった。

チベットの地にザナバザルが足を踏み入れたのは2度。エルデニ・ゾー寺院から南東へ約20㎞離れた所にあるシャンハ寺で2年ほど修行した後、最初のチベット入りは1649年であった。

《ザナバザル像》 18世紀 高59cm
ウランバートル、ボグド・ハーン宮殿博物館蔵

当時、チベットで全盛を極めたゲルク派のパンチェン・ラマ4世、さらにダライ・ラマ5世から顕教と密教を学び、自身もゲルク派に転向した。1651年には修行を終え、チベットの僧侶や職人らを多く連れてモンゴルへの帰途につき、その後、モンゴルに数々の寺院や学問寺を建立したと伝えられている。2度目のチベット滞在は1655年から1年ほどだったという。

ザナバザルが生涯において制作した仏像の数は正確に把握できていない。1680年代には執金剛神、五仏、ターラー菩薩像など、鋳造の仏像を数多く制作している。さらに彼の技術を継ぐ弟子らによる、ザナバザル派の作品を加えると、相当な数になるだろう。こうしたザナバザルの仏像はモンゴルの人々の心を捉え、チベット仏教普及に大きな力を発揮していった。

ザナバザルは転生活仏としてチベット仏教をハルハ・モンゴルに広めただけでなく、政治家としても周辺部族との戦いを乗り切らなければならなかった。17世紀後半、ハルハ・モンゴルは、中央アジアに遊牧帝国を築いたモンゴル・オイラト部族のガルダンに苦しめられていた。ガルダンはハルハ地方へと攻め入り、ハルハの人々はゴビ砂漠の南（内モンゴル）へと逃げるしかなかった。こうした中、ザナバザルは、中国・清の康熙帝に助けを求めた。

庇護を求められた康熙帝はガルダン軍を討ち、モンゴルの人々はハルハの地へと戻ることができたのである。ハルハ・モンゴルは1691年に清朝に帰属し、康熙帝は仏教を保護することでモンゴルを支配したとされる。その後の約10年間、ザナバザルは康熙帝とともに、冬は北京で、夏は万里の長城の外側にあった熱河で過ごしたと伝えられている。

1701年にハルハの地に戻ったザナバザルは、かつてガルダン軍に攻撃されたエルデニ・ゾー寺院の大規模修復と拡張を行った。また、博識で知られたザナバザルは、様々な分野の学問を研究していたという。その一つが温泉の効用であった。いくつもの温泉の効能を調べ、心身の療養に利用していたとされる。実際、オルホン渓谷には今も温泉が残されている。精力的な活動を支えた陰に温泉の効用があったとも考えられている。

1722年、庇護者であった康熙帝逝去の知らせを受けたザナバザルは急ぎ北京へと出かけたのだが、年が明けて間もなく北京のチベット仏教寺院である黄寺にて死去、モンゴルの地を再び踏むことはなかったとされる。死の状況は今もって明らかになっておらず、今日においてモンゴルでは、次の皇帝で独裁政治を行った雍正帝（康熙帝の息子）の命によって暗殺されたと信じる人が少なくないという。伝説によると、ザナバザル逝去の時、ハルハ・モンゴルの地にあった彼の移動寺院（オルゴー）の上には5色の虹が現れ、玉座には明るい光が浮かび上がった。これを見た僧侶らはザナバザルの身に何か重大なことが起こったことを悟ったと伝えられている。

サヤン山脈
オカ川
アンガラ川
イルクーツク
バイカル湖
ウラン・ウデ
ヤブロノブイ山脈
チタ
シルカ川
アルグン川
フブスグル湖
ムルン
スフバートル
セレンゲ川
オルホン川
イデル川
ボルガン
エルデネト
テレルジ国立公園
13世紀村
チョイバルサン
ボイル湖
ハル・バルガス遺跡
ウランバートル
バガノール
ヘルレン川
ツェツェルレグ
ホスタイ
国立公園
ウンドゥルハーン
マタッド
タムサグブラグ
ハンガイ山脈
ハラホリン
（カラコルム）
バガハンガイ
バローンオルト
チョイル
アルバイヘール
ヤンホンゴル
モンゴル
マンダルゴビ
サインシャンド
ゴビ砂漠
ザミーンウード
ダランザドガド
陰山山脈
中華人民共和国
北京
黄河
天津
渤海湾

モンゴルの地理と季節

「モンゴル」と聞いて草原をイメージする人は多い。それもそのはずで、日本の４倍もあるというモンゴルの国土は、その約８割を草原が占めている。だがその一方で、北部にはタイガ（針葉樹林帯）が、南部にはゴビ（高原砂漠）が広がり、西部に目を向ければ、アルタイ山脈（4000ｍ級）、その手前にハンガイ山脈（3000ｍ級）が連なるなど、実に変化に富んだ地形である。

年間を通して大変乾燥していて、年平均降水量はわずか200㎜程度。しかも夏に集中して雨が降る。北部では年間約500㎜の降雨があるが、南部では200㎜以下しか降らない。一年を通して気温の差が激しく、一日の中でも温度変化が大きいのも特徴である。

草原では夏に40度近くまで気温が上昇することもあり、日差しはかなり強い。だが、乾燥しているのであまり汗をかかないし、朝晩はひんやりとして気持ちがよい。一方、冬にはマイナス40度まで気温が下がることもあり、まさしく極寒の地となる。

モンゴル小史

モンゴル高原を中心とした北部アジアにおいて遊牧が始まった時期については、明確なことは分かっていないという。それでも、一説に紀元前800年頃には、馬を走らせ、家畜を飼う遊牧形態が存在していたと見られる。モンゴル高原を初めて統一したのは遊牧国家、匈奴(きょうど)であった。紀元前3世紀末に冒頓単于(ぼくとつぜんう)が諸部族を統一し、東は大興安嶺山脈、西はアルタイ山脈、北はバイカル湖までをその支配下に収めた。以来、13世紀に入り、モンゴルの英雄チンギス・ハーンがモンゴル高原を統一するまでの間、モンゴル系とテュルク系の遊牧民による興亡の歴史が刻まれた。

紀元1世紀半ば、匈奴が南北に分裂すると、東方にいた遊牧民族の鮮卑(せんぴ)（テュルク系、モンゴル系諸説ある）が北匈奴を攻め、この地の支配者となった。続く支配者は鮮卑から分裂したモンゴル系とされる柔然(じゅうぜん)である。柔然はゴビ砂漠の北部を活躍の場とした遊牧騎馬民族で、5世紀には大興安嶺山脈から西は天山山脈までその勢力を拡大していった。

6世紀中頃、アルタイ山脈辺りで遊牧していたテュルク系の突厥(とっけつ)が柔然を破り、渤海湾からアラル海に至るユーラシア大陸に大遊牧国家を築いた。後に東西に分裂し、唐の攻撃によって630年には東突厥が、7世紀末頃には西突厥がそれぞれ唐に服属した。だが、東突厥は682年、再び唐からの独立を果たし、突厥第二帝国を築くに至った（〜744年）。

次にモンゴル高原の支配者となったのは、同じくテュルク系のウイグル・カガン（可汗）国であった。3代目のブグ・カガンはオルホン川の西岸に都オルドゥバリク（宮殿の町）を築いた。都には家屋が建てられ、中国人やソグド人商人が暮らしたほか、マニ教寺院も建立されたという。だが、内紛による政治的混乱に加え、840年には西北からキルギスの軍に攻め入られ、約100年続いたウイグル帝国は崩壊した。オルドゥバリクはハル・バルガス遺跡（→102頁）として知られる。

ウイグル帝国崩壊後、モンゴル高原は大興安嶺山脈の東方のキタイ族の勢力範囲にあった。だが、圧倒的な力を持つ統治者あるいは支配部族は、チンギス・ハーンのモ

草原に遺る突厥時代（6〜7世紀）の墓標。

ウイグル・カガン国3代目のブグ・カガンが築いた都の跡、ハル・バルガスの遺構。

ンゴル帝国出現までの約350年間は現れていない。

伝承によると、チンギス・ハーン（在位1206〜1227年）は、蒼き狼と白き雌鹿を祖先とするとされる。幼名をテムジンと言い、モンゴル高原東部の由緒ある家系の出身とされる。もっとも、父が毒殺されるなどしたため、貧しい幼少時代を過ごしたと言われている。

部族間の争いを制し、モンゴル高原を統一したテムジンは1206年、モンゴル帝国のハーンに選出された。彼の築いた国は厳格な軍隊規律を持ち、遊牧騎馬民族の機動力を発揮してその勢力範囲を広げていった。モンゴル軍は、中国北西部（現在のオルドス地方、甘粛省）のチベット系の西夏(せいか)を討ち、中央アジアのホラズム帝国、南ロシア、北西インドなど、遠征を繰り返した。遠征先では略奪を行ない、残虐に敵を殺害したと伝えられている。

一方で、外来文化を積極的に取り入れた。イスラム教国の職人や技術者、工芸家らを捕虜としてモンゴル高原へと連れて帰ったり、征服地で捕らえたウイグル人宰相タタトンガにウイグル文字を子弟に教えさせたりしている。敵だった者でも能力や教養のあるものは認めて重用したという。様々な法令も定めた。殺人や窃盗などに関する刑罰のほか、過度の飲酒の禁止や、火や皿をまたがない、敷居を踏まないなどの日常生活に関する取り決め、古くから遊牧民が行っていた慣習も加えて法典とした。

チンギス・ハーンは1227年、西夏遠征の途中で死去。征服戦争に明け暮れた生涯であった。実際、彼がモンゴル高原に滞在した期間はわずかであったという。

後継者は、チンギス・ハーンの第3子オゴデイ（在位1229〜1241年）であった。オゴデイは1234年に中国北部の金王朝を滅亡させると、翌年にはオルホン河畔のカラコルム（現在のハラホリン村）で都の建設に着手した。中国スタイルの宮殿は、金から連行した職人によって建設されたほか、商工業区が設けられた。ハーンはこの宮殿で暮らすことはせず、もっぱら家臣達との宴会や外国の使者らとの謁見のために使われた。

オゴデイは帝国を国家組織として運営しようと試みた。チンギス・ハーンが作った法令を整理、成文化し、公布したのである。他にも様々な制度を整えた。例えば、征服した地域ではその土地の慣習に従って税を課し、交通通信網として駅伝を置いた。1日で移動できる距離を目安にして一定距離ごとに駅站(えきたん)を設け、牌子（パイザ。ハーン名で発行された特権保証の札）を持つ者には食物

チンギス・ハーン・テーマパークに建つ
高さ40mの巨大なチンギス・ハーン像。

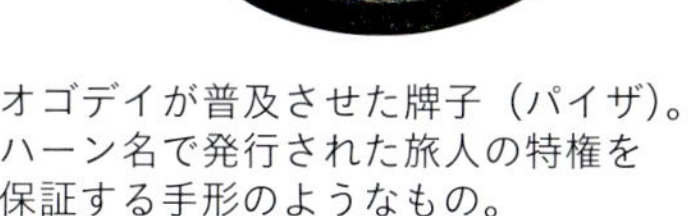

オゴデイが普及させた牌子（パイザ）。
ハーン名で発行された旅人の特権を
保証する手形のようなもの。

や宿、さらには乗り換え用の馬などが駅站で提供された。1231年には行政機構の中心的な役割を果たす中書省（ハーンの命令を各地の言語に翻訳するところ）を設置。もちろん、偉大なる父王の遺志を継ぎ、征服戦争を繰り返した。ロシア南部からポーランドやハンガリーなど東欧まで軍を進めた。

チンギス・ハーンが築いたモンゴル帝国の繁栄は、孫である第5代皇帝フビライ・ハーン（在位1260～1294年）の時代に頂点に達し、その領土を最大規模にした。中書省のほか、枢密院（軍事関係を統括）、御史台（監察を行う）など政府機構を整備し、都をカラコルムから大都（現在の北京）に移した。1271年には国号を元と定め、南宋を平定し中国全土をその支配下に置いた。自由な交易を促す一方で、塩、魚、茶などは国の専売取引とし、さらに優れた税制によって国家財政を支えたという。

内陸にあった大都に運河や港を整備し、陸上だけでなく、海上貿易も積極的に推進し発展させた。さらにビルマ（現在のミャンマー）、朝鮮半島の高麗を攻略し、ユーラシア大陸を支配する巨大帝国を築いた。しかし、そんなフビライも、1274年と1281年の2度にわたって日本（鎌倉時代中期）に侵攻したが、攻略することはできなかった。世に言う、元寇。暴風雨によってほとんどの艦船が壊滅的なダメージを受けるなどしたためである。

また、ヴェネツィアの商人マルコ・ポーロがフビライの厚遇を受け、約17年間、各地を旅しつつ仕えたことはよく知られている。マルコ・ポーロがフビライと会ったのは、ハーンが夏を過ごす上都（現在の内モンゴル自治区のドロンノールの北西）であった。冬は大都で暮らすなど、年間を通して遊牧民らしく移動の生活をしていた。フビライはモンゴル人第一主義で、中国の伝統文化にはさほどの関心を払わず、漢民族は虐げられていたという。チベットの高僧パスパ（八思巴）にモンゴル語を書くための音節文字（パスパ文字）を作らせるなど、モンゴル独自の文化振興に努めた。また、自身はチベット仏教を信奉していたというものの、チンギス・ハーンと同じく宗教には寛容であったとされる。

1368年、元は明の初代皇帝朱元璋によって滅ぼされ、元の勢力は大都を捨てモンゴル高原へと撤退。北元を建国したが、1388年に明に討たれた。以来、モンゴル人は、モンゴル高原を中心に活動することとなる。

16世紀に入り、モンゴルは明朝に脅威を与えるまでに力を蓄えた。チベット仏教も大きく影響している。1586年、

アバダイ・ハーンが建立した
エルデニ・ゾー寺院の門の意匠。

モンゴル帝国の黄金期を築いた
フビライ・ハーン。

チンギス・ハーンの血筋にあたる有力部族のトゥシェート・ハーン族のアバダイ・ハーンが、大都への遷都後も14世紀中頃まではモンゴル高原の中心として栄えたカラコルムの都跡近くに、チベット仏教のエルデニ・ゾー寺院を建立した。

17世紀終わり頃には、アバダイ・ハーンの曾孫である、転生活仏ジェブツンダンバ・ホトクト1世（ザナバザル）属すハルハ・モンゴルと、中央アジアに遊牧帝国を築いたガルダン率いるモンゴル・オイラト部族との抗争が起こった。劣勢となったザナバザルは清朝の康熙帝に庇護を求め、１６９１年に清朝に臣従。それ以来、ジェブツンダンバ・ホトクト8世（ボグド・ハーン）が１９１１年、清朝からの独立を宣言するまでの２２０年もの間、その支配下に置かれることとなる。清朝はハルハ・モンゴルのチベット仏教を保護していたので、転生活仏はモンゴルの地に移動寺院（イフ・フレー）をもち、モンゴル高原で移動を繰り返していた。１７７８年には現在のウランバートルに寺院が移動、その後定着した。

１９２１年には、革命家スフバートルやチョイバルサンらが結成したモンゴル人民党がボグド・ハーンを元首とする人民政府を樹立。１９２４年にモンゴル人民共和国が誕生し、首都をウランバートルに改名した。こうしてモンゴルは旧ソ連の影響下において社会主義国家として歩み始めたのである。

１９３０年代には激しい宗教弾圧が行われ、仮面舞儀礼ツァムなどの伝統文化や行事、習慣すらも存続させることはできなかった。諸説あるが、1万人以上の僧侶が処刑され、７００以上の寺院が破壊されたとも伝えられている。さらに遊牧民を強制的に集団化し、裕福なものの家畜を没収するなど、その生活文化が否定された。

１９３９年には、中国東北部の満州国とモンゴルの国境線を巡ってノモンハンで軍事衝突が起こった。両国にはそれぞれ日本と旧ソ連が後ろ盾となって軍を投入。満州国および日本は壊滅的なダメージを受けて停戦するに至った。

１９８０年代後半、旧ソ連や東欧において政治システムが混乱するなか、モンゴルでも民主化の流れが生まれ、１９９２年には新憲法が発布され、国号をモンゴル国と定めた。以来、民主主義国家として、歩み始めたモンゴルは、現在、世界でも有数の経済成長率を誇る国となっている。

なお、日本は１９７２年、モンゴルと国交を樹立した。

ナチスと大日本帝国への抵抗の軌跡がモザイクで描かれた、ザイサン・トルゴイ記念碑の壁画。

ザナバザルが描いたと言われる自画像。
ザナバザル美術館蔵

モンゴル仏教の総本山、ガンダン寺のストゥーパ（仏塔）と観音堂（奥）。

第2章 ザナバザルに会いに行く

日常の風景

モンゴル仏教の総本山とも呼ばれるガンダン寺はウランバートル市街地の中心部からほんの少し西にある。チンギス・ハーン広場周辺のホテルに宿泊した時、朝の散歩がてら、ガンダン寺へ歩いて行ったことがあった。片道30分程度かかったが、首都の通勤時間帯の日常風景を垣間見つつ、都市の勢いを感じながらの散歩は気持ちの良いものだった。

朝8時30分頃に境内に入った時、すでに観光客や参拝者が訪れていた。伝統衣装のデール（長衣）を着た年配のご婦人がゆっくりと歩き、その側をやかんを手に足早に通り過ぎる紅色の僧衣姿の若い修行僧。観音堂の前では五体投地で礼拝する人。そして真言（マントラ）を小さな声で唱えながらマニ車（仏具の一種）を回すガラガラという音。これが朝のガンダン寺の風景なのだろう。信者や僧侶らの邪魔にならないようにゆっくりと境内を散策した。

また、別の日には、耳に心地良い読経の声に誘われて境内の北東にあるイ

マニ車を回しながらマントラを唱える信者。ガンダン寺。

タガチョインゼンリン寺院に入った。子供から年配の人まで一般市民も参加して僧と一緒に経を唱え、全世界すべての生き物が安全、幸せに暮らせるようにと願っているという。

しばらくの間、座って御経を聞いていると、紅い頬をした少女がやかんを持ってやってきた。私が茶碗を持っていないと知るや、側にいた少年僧と何やら話をし、どこからか茶碗を持ってきてそこにスーティ茶を注いでくれた。

見知らぬ旅人に茶碗をわざわざ持ってきてくれるといった気遣いを、モンゴルではよく受ける。その度に嬉しさとこの国の人々に対して親しみを覚えるのである。絶妙な塩加減のスーティ茶を、格段に美味しく感じたのはこうした優しさに触れたからだろうか。

馬小屋となった僧院

ガンダン寺はモンゴル仏教の中心である。１８３８年、ジェブツンダンバ・ホトクト５世によって現在の場所に建設された。その後、境内には９つの僧院が建ち、約５０００人の僧侶が暮らす学問寺として栄えたという。だが、社会主義時代にはこのうち５つの僧院が破壊され、残る僧院はソ連軍将校らの住居や馬小屋として使われたそうだ。この寺の高僧は処刑され、中堅どころの僧侶は10年もの間囚われの身となり、若い僧は還俗させられるなど、激しい宗教弾圧が行われたという。

それでも残された数名の僧侶の訴えが聞き入れられ、１９４４年に国家の監視下にありながらも一定の宗教活動が許されたモンゴルにおける唯一の寺院となった。

時代は下り１９９０年の民主化当時、ガンダン寺の僧侶の数は１００人ほどの規模になっていたらしい。しかし、現在は幼い修行僧も含めて約７００人が所属しているという。併設されるザナバザル仏教大学にも若い学僧の姿が

[上] ガンダン寺本堂。
[下] ガンダン寺のマニ車。

観音堂のマニ車。

持金剛堂に安置されたザナバザル作の執金剛神像。
幾重ものアクセサリーで荘厳されている。

僧院の修行僧たち。子供の僧も修行中。

戻ってきているという事実は、モンゴル仏教界にとっても、継承された伝統と文化を愛でたいと考える外国人観光客にとっても喜ばしいことである。

創建時の僧院群は黄色の塀で囲まれた一画にある。他の寺院からやって来た僧侶、観光客や学者、もちろん地元の人々が行き交い、参拝している。これら僧院がソ連軍将校の住居や馬小屋として使われていたと思うと心が痛む。同時にそういった世俗的な有用性があったからこそ創建時の僧院が残ったのだと考えると、複雑な思いになる。

本堂には母・ハンドジャムツの希望で制作されたというザナバザルの自画像、本堂左隣にある持金剛堂には同じくザナバザル作の柔和な表情をした執金剛神像（↓15頁、本頁上左）が安置されている。

願いが叶う柱

さて、本堂のある僧院群を後にして観音堂へと向かう途中、仏塔の少し先に弁柄色をした1本の柱を目にするだろう。何の変哲もない木の柱のように見えるが、数人がその周りを歩き、額をつけたり、口づけしたりしていた。柱の前に人の列ができていた時もあった。聞くと、この柱はゴルモト（「中心の木」の意）と呼ばれており、境内でもっとも古い建造物の一部だそうである。社会主義時代、境内の寺が破壊される中、この柱だけは倒そうとしても倒れず、最後には「柱が血を流した」ことで切り倒すことを断念したと伝えられている。今では、右手で柱を触りながら1回または3回時計回りにぐるりと回り、柱に入った亀裂に向かって願いごとをすると、それが叶うという言い伝えがあるそうだ。私も地元の人に倣って願いごとをした。

観音堂には高さ26・5mという巨大な金銅の開眼観音像が安置されている。1911年、ボグド・ハーン（ジェブツンダンバ・ホトクト8世）の目の病が治癒するよう願いを込めて建立されたというのが表向きの理由。本当の目的は清朝からのモンゴル独立を祈願しての観音像だったという。モンゴル仏教にとっての悲劇の時代には、ソ連軍が観音像を破壊、その銅を持ち去り、堂も閉鎖されたが、1996年に再建を果たした。堂内の壁は1万体にも及ぶ小さな阿弥陀如来像で埋め尽くされている。全国各地から奉納されたこれら阿弥陀如来像は家族の幸せを守るという願いが込められているそうだ。

観音堂を出て、ふと正面を見ると、聖なるボグド山が見えた。視界を遮るような高層ビルが建ってしまうことなく、この風景がいつまでも残っていてくれればと思う。

［左頁］観音堂に安置された開眼観音像は高さ26.5m。1911年の建立だが、社会主義体制下の1938年に破壊され、現在の像は1996年に再建された。

［上］ゴルモト（中心の木）と呼ばれる柱。
［下］観音堂には全国各地から奉納された1万体を超える阿弥陀如来像が安置されている。

ザナバザルに会いに行く②

ザナバザル美術館

菩薩像の後ろ姿

ザナバザル美術館は１９６６年にオープンした。街の中心にあり、チンギス・ハーン広場やノミンデパートのいずれからも徒歩10分ほどと、アクセスは良い。しかし、さほど来館者が多い美術館ではない。その分、入館時に英語のオーディオガイドを借りて、かえってゆっくりと自分のペースで、誰に急かされることなく、好きな美術作品をじっくりと鑑賞できた。

お目当てのザナバザル作品は2階の展示フロアにずらりと並ぶ。ウランバートル市内では数カ所でザナバザル作品に出会えるのだが、仏像の後ろ姿を観ることができるのは、私の知る限り、ここザナバザル美術館のみである。

フロア中央で迎えてくれる白いターラー菩薩像（↓6～9頁、左頁）。刻まれた7つの眼（両眼、眉間、両掌、両足裏）は、生きとし生けるものすべてに対する慈悲の心、施しと

ザナバザル美術館（下）とザナバザル作品の展示フロア（上）。

愛を象徴するものであるという。顎をほんの少し引き、きりりとした静かな表情。見る角度によって伏し目がちにも、まっすぐに見つめられているようにも思える。睡蓮を持つ左手の指先が実にしなやか。ボグド・ハーン宮殿博物館収蔵の緑のターラー菩薩像（↓17〜19頁、48頁）に比べると、その胸の膨らみ、後ろ姿を含めて肢体全体から受ける印象は明らかに少女であろう。

学芸員によると、この菩薩像のモデルは、ザナバザルが愛した女性であるとも、自らを育ててくれた女性、つまり乳（＝白）を飲ませてくれた母（乳母）をモデルにしたとも言われているという。ザナバザルにとっての理想の女性の姿がこの仏像にはあるのかもしれない。

同じ展示室には、ザナバザル自身が描いた自画像と法衣をまとった彼の母親ハンドジャムツのタンカ（仏画）が並ぶ。活仏や神の姿、また草花に代表される自然の描きかたと、それら色彩まで、ザナバザルの画家としての稀有な才能を証明した作品とされている。

ザナバザルが愛した女性をモデルにしたとも言われる《白いターラー菩薩像》。
美術館では360度、その妖艶な姿を拝むことができる。

モンゴルのブリューゲル

ザナバザル美術館でどうしても見たいと思った絵画があった。「モンゴルのブリューゲル」と称されるシャラブ（1869〜1939年）が遊牧民の生活を描いた2枚の絵画「馬乳酒の祭り」「モンゴルの一日」である。シャラブの生きた時代の遊牧民の生活が活き活きと、時にコミカルに、時にシリアスに描かれており、細部をじっくりと見ていくと実に愉快である。

馬に蹴られた遊牧民、真っ裸で遊ぶ子供たち、ゲルの屋根ではチーズを乾燥させているようだ。馬乳酒が作られ、その飲み過ぎで吐いたり、喧嘩をしたり。若い男女の出会い、結婚、性の営みと出産、シャーマンによる祈禱、羊の毛刈りとフェルト作り、ゲルを解体して引っ越す様子も。さらに森林、ラクダを家畜とするゴビの砂漠、農耕の風景などの自然も描かれており、草原だけではないこの地の地形や自然の様子を伝えている。まさにブリューゲルが16世紀フランドル地方における民衆の風俗を描いたように、シャラブの絵

画にも草原で繰り広げられる日常風景が鮮やかに映し出されているのである。
これら2枚の絵画は、ボグド・ハーン（ジェブツンダンバ・ホトクト8世）のために描かれたものだそうで、ハーンは大変この絵を気に入り、周囲の僧の反対を押し切って冬の宮殿に飾ったとされる。たしかに、僧侶にとっては、やや世俗的な要素が強い絵画と言えるだろう。

遊牧民の日常生活を描いた2幅の絵画。
ディテイルをじっくりと楽しみたい。
バルドゥギーン・シャラブ
[右]《馬乳酒の祭り》
[左]《モンゴルの一日》
1912〜1913年（共に部分）
ザナバザル美術館蔵

ザナバザル美術館のザナバザル仏

《阿閦如来像》 18世紀初頭 銅製鍍金 高71cm

《毘盧遮那如来像》 18世紀初頭 銅製鍍金 高71.5cm

《不空成就如来像》 18世紀初頭 銅製鍍金 高70cm

《阿弥陀如来像》 18世紀初頭 銅製鍍金 高70.5cm

ザナバザル派《喜金剛像》 18世紀
ザナバザル美術館蔵

ザナバザルに会いに行く③

チョイジン・ラマ寺院博物館

ビルの谷間の静かな寺院

高層ビルの間にひっそりと佇むチョイジン・ラマ寺院博物館。チンギス・ハーン広場から徒歩10分程度と至近であるにもかかわらず、都会の喧騒を感じることなく、鳥の囀(さえず)りすら聞こえる静かな空間である。時々聞こえてくる車のクラクションが首都中心部にいることを思い出させる。開館時間があるため叶わぬことではあるが、ここで朝の散歩ができれば、どんなに気持ちがいいだろう。

博物館の元となったチョイジン・ラマ寺院は、ボグド・ハーン（ジェブツンダンバ・ホトクト8世）の実弟ロブサンハイドゥプ（1872〜1918年）のために1908年に建立された。いくつかの堂で構成されており、300人以上の職人が約5年の歳月を費やして完成させた。ロブサンハイドゥプは清朝皇帝に願い出てこの寺に名前を授けてもらっている。それが「興仁寺」で、本堂には満州語、モンゴル語、漢字、チベット語で寺の名が書かれた扁額が今も残る。

チョイジン・ラマ寺院本堂には本尊を囲むように、仮面舞儀礼ツァムの仮面と衣装が展示されている。

社会主義時代には、国内の学者らによる熱心な陳情活動が奏功し、破壊の危機を逃れた数少ない寺院のひとつでもある。１９４１年には政府の保護管理下に置かれたことで、国内各地の破壊された寺院から仏具や仏像などが集められたという。ザナバザル作品も例外ではなく、時は国内にある彼の全作品がこの寺院に集まっていたそうだ。もっとも、万が一の火災や盗難による遺失というリスク回避のため、現在、彼の作品は複数の美術館などに分散して収蔵されている。

ビルの谷間に建つ本堂（上右）と八角堂（上左）。
［下］満州語、モンゴル語、漢字、チベット語で書かれた寺額。

ザナバザルの仏像は、いつどこでどれを見てもその端麗さと内面を投影した表情に魅せられる。時間を忘れるほど見惚れてしまうのである。この博物館内では、そんなザナバザルの仏像を境内にあるヤダム寺と八角堂で見ることができる。個人的にはシタサムヴァーラ仏（歓喜仏像↓16頁、左頁右上）が一番目を引くザナバザル作品であった。ザナバザル派の作品も数多く展示されている。

八角堂内は狭く、壁一面に張子紙で浮き彫りにしたユーモアたっぷりの表情の16もの阿羅漢が色鮮やかに描かれ、さらにガラスのケースにはいくつもの仏像が展示されている。そうした中にあっても、ザナバザルの仏像は内面をとらえたその表情に惹きつけられる。

照明が落とされた本堂に入った。正面には18世紀のイフ・フレー（ジェブツンダンバ・ホトクトの移動寺院）の職人が作ったという輝かしい金色の釈迦如来像がこちらを見つめている。その左側にある座像がロブサンハイドゥプ像。遺灰を混入した塑像である。

現在、本堂には各地から集められた仮面舞儀礼ツァムの数々の仮面や衣装も展示されている。迫力ある表情で睨みつけてくる赤い顔の仮面ジャムスランはとりわけ印象深い。顔にポツポツとある丸い珠は珊瑚で、顔の筋肉を表現しているという。

仮面はもとより、チベット仏教を想起させる色使いの凝った衣装と装飾品を見ると、身に付けると相当な重さだったことは想像に難くない。学芸員によると、ツァムを舞う僧は身長170cm以上だったというのも頷ける話である。しかも、身体に怪我や傷がない僧でなければ舞う資格は与えられなかったそうだ。

本堂には、日々行われていたという宗教儀式で使う様々な道具や楽器、中には人骨で作った管楽器なども数々展示されている。因みに、ザナバザル美術館にもツァムの仮面と衣装は展示されており、同じジャムスランの仮面であってもやはりどことなく表情が異なっている。

チョイジン・ラマ寺院博物館のザナバザル仏

《弥勒菩薩像》 17世紀 銅製鍍金 高72cm

《宝生如来像》 17世紀　銅製鍍金　高70cm

《歓喜仏像》 17世紀　銅製鍍金

《無量寿仏像》 17世紀　銅製鍍金

《金剛薩埵像》 17世紀　銅製鍍金

ザナバザルに会いに行く④

ボグド・ハーン宮殿博物館

皇帝の宮殿、活仏の寺院

この博物館は、もともとモンゴル皇帝ボグド・ハーン（1869〜1924年）の冬の宮殿と夏向けの寺院だったところ。南東にある2階建ての建物が、ロシアのニコライ2世がボグド・ハーンに贈った冬の宮殿である。ハーンは20年にわたって冬の時期をこの宮殿で過ごしたという。

ボグド・ハーンは、16〜17世紀のチベットの高僧ターラナータの転生者ジェブツンダンバ・ホトクト8世である。もともとボグド・ゲゲーン（聖人）と呼ばれていたが、元首となって1911年に清朝から独立を果たして以来、ボグド・ハーン（皇帝）と呼ばれるようになり、聖俗の両方の権力を握った。皇帝は4つの宮殿を所有していたが、現存するのはこの冬の宮殿のみである。寺院の屋根が緑色だったことから、当時は緑の宮殿とも呼ばれていたそうだ。

博物館を見学した。清朝康熙帝がザナバザルに贈ったという、黒キツネ80匹分の毛皮で作られた豪華なコートが、展示されている。もっとも、展示品の

平和の門は1本の釘も使わずに建てられている。

多くは、ボグド・ハーン夫妻が使っていた日用品や各国、各首長からの献上品などである。豪華な衣装、宝石をちりばめた装飾品、手の込んだ装飾がなされた絢爛な家具調度、黄金の馬車や動物の剥製など。極めつきはヒョウ150頭分の毛皮を使ったゲル（左上）である。これら展示品の数々が活仏の持ち物であったと誰が想像できるだろう。

一方、寺院は塀で囲まれ、3つの門が配されている。清朝からの独立を記念して建てられた平和の門（右頁）は7層の緑色の屋根を持つ。見上げるほどに立派なこの平和の門は、1本の釘も使わずに108種の木材を組み合わせた、高い建築技術が活かされているという。さらに1112カ所に絵が描かれているそうで、神将や仏教の伝説、チベットから伝播したゲセル王の英雄叙事詩などがモチーフとなっている。災いから寺院を守護するため、屋根には法輪と金色臥鹿（理想の動物）、張り出しの四隅には鬼龍子（怪獣像）が並ぶ。中国北京にある紫禁城・太和殿の屋根にも同じような怪獣と仙人像がずらりと並んでいたことを思い出す。そういえば、チョイジン・ラマ寺院博物館の屋根にも鬼龍子があった。

平和の門の外側には、いつでも良い運気が入ってくるようにとの願いから扉のない門がある。さらにその外側にある壁（右上）は、中国の宮殿などで見かける照壁のようだ。通訳のオトゴンさんは、それを「守りの門」と訳し、すべての悪から守る、魔除けとなる壁だと説明してくれた。この壁にはモンゴルの神話をモチーフに2匹の龍と下部に山海をダイナミックに描いた装飾が施され、実に保存状態が良い。

［下左］堂内は美しい装飾が施されている。

［上右］モンゴルの神話が描かれた魔除けの門。
［上左］ヒョウ150頭分の毛皮を使ったゲル。

美の極み

実は、この日は朝からうきうきしていた。思いを寄せていた人に久しぶりに会うような、そんな気持ちだった。ザナバザルの仏像の中でも最高傑作のひとつとされる緑のターラー菩薩像。丸顔で二重まぶたの切れ長の目にすっと通った鼻筋、ふっくらとした下唇と薄い上唇。くびれたウエストと豊満な胸。重心を左側に置いた座像に見惚れてしまう。妖艶という言葉すら頭を過る。博物館のカタログには、ザナバザルはこの像の制作によってモンゴル人女性の美の古典的な理想像を作り上げたと書かれていて、納得してしまう。

ボグド・ハーン宮殿博物館には、緑のターラー菩薩像とともに、ザナバザル制作の21のターラー菩薩像も収蔵されており、それらをじっくりと鑑賞するという贅沢な時間を過ごした。

冬の宮殿では多くの来館者を見かけたが、かつての寺院にはあまり興味がないようで、おかげで静かに鑑賞できた。ここにはザナバザル派の作品も多く展示されている。学芸員は、ザナバザル自身の作品とザナバザル派の作品は見分けるのがとても難しいと言っていた。だが、どちらの作品であるか知った上で見比べるせいか、ザナバザル作のほうが明らかにその表情に仏像の内面を映しだすニュアンスのようなものをより強く感じた。文字通り、仏の魂が宿った像だと思えたのは、気のせいだろうか。

ボグド・ハーン宮殿博物館のザナバザル仏

[右頁]《緑のターラー菩薩像》 17世紀
銅製鍍金　高76.5cm
[下]《21のターラー菩薩像》より　17〜18世紀
銅製鍍金

ザナバザルの仏像作品の魅力

古美術店「アジアン・アート」オーナー
A・アルタンゲレル氏　インタビュー

25年以上にわたり、古美術商としてザナバザル作品を見続けてきたアルタンゲレル氏。ウランバートル市内のザナバザル美術館にも近いビルの一画で古美術店「アジアン・アート」を営む。古美術商を始めたのは1990年。ザナバザルとザナバザル派の作品収集は95年から続けている。

「民主化によって我々国民は、自国の文化に関心を持つ機会を与えられました。社会主義時代には民族の歴史や仏教美術に関連したものを収集、売買することはできませんでしたから」

今、氏は、ザナバザル派の作品をアップリケやタンカ（仏画）も合わせて50点ほどを収集、ザナバザル本人が制作した仏像も1点所有しているという。

「モンゴルの人々がチベット仏教を独自の文化として受け入れることができたのは、ザナバザルのおかげです」

現在のモンゴル国辺りにチベット仏教が入ってきたのは16世紀後半、ザナバザルの曾祖父アバダイ・ハーンの頃とされる。それまでは万物に魂や精霊が宿ると信じるアニミズムを基盤とするシャーマニズムが信仰されていた。

「仏教の教えを説くだけでは、モンゴルの人々がチベット仏教を受け入れることはできなかったでしょう。ザナバザルの仏像にはモンゴルの人々の心を動かすだけの表現力が備わっていました」

つまり、ザナバザルの芸術的表現力こそが、モンゴルに仏教を広めた

大きな要因であったとアルタンゲレル氏は解釈している。

5歳にしてモンゴル初の転生活仏に認定されたザナバザル。その後チベットで僧としての修行を積んだ。

「彼は僧であると同時に、仏像を作り、タンカを描き、アップリケの技術も備えていました。ソヨンボ文字を生み、哲学にも通じて、寺院も創建しています。それだけ優れた人物でした」

では、ザナバザルの仏像の魅力はどこにあるのだろうか。訪れた旅行者がその作品を見るべきポイントはどこか尋ねた。すると、「よくぞ聞いてくれた」と言わんばかりに笑みを浮かべ、店のスタッフに自身が収蔵するザナバザルの仏像を別の部屋から持ってこさせた。

「まずはじめに仏像の手を見てください。表現が非常に柔らかいのが特徴です」

そう言って仏像を指差し、さらに手元にあったザナバザルの作品集をぱらぱらとめくり、次のように続けた。

「仏像の衣装もよく観察してほしいポイントです。布地がよれた感じが表現され、繊細な布の模様までもが視覚で分かるように作られている点は大きな魅力ではないでしょうか」

ザナバザルの仏像はチベットやインドなどで作られたものよりも、より女性的な印象を受ける。

「ザナバザルはモンゴルの人々の感性に合わせて仏像を作ったのだと思います。仏様の顔の表情、姿態は女性らしく、さらに身につけている装飾品までもが美しく表現されているのが分かります。この仏像を見ると、17世紀も今も女性の美に対する基準は変わっていないようです」

「ザナバザルは、モンゴルの民衆に仏教を伝えるために仏像を作りました。しかし、現在、彼の仏像は世界中で知られ、その素晴らしさが理解されているのです。多くの人に彼の作品を見てもらいたいものです」

と誇らしげに笑った。

ゲルの形をしたダシチョイリン寺は、
かつて活仏ジェブツンダンバ・ホトクトの
伽藍があったズーン・フレー跡に再建された。

第3章 ウランバートル 都市の素顔

ウランバートルを歩く

　この街について、私はすっかり誤解していた。いや、実際に訪れてみて初めてウランバートルという首都の素顔を知ったというべきだろうか。社会主義時代の都市の姿を留めつつ、建設中の高層ビルがそこかしこで槌音を響かせる。朝夕ラッシュ時の交通渋滞の激しさは、東南アジアで見かける都市のそれに似ている。横断歩道を歩く人々のスピードは速く、露出度の高いファッションに身を包んだ女性が目の前を横切る。世界に知られたブランドのファッションブティックに躍るＳＡＬＥの文字。モダンなレストラン、国際的なホテルチェーンも少なくない。

　日本の国土の4倍以上もあるモンゴルだが、その人口はわずか３００万人（２０１４年）、うち半数近くの１３０万人以上がここウランバートルに暮らす。首都人口は増え続けており、遊牧民が「遊牧」を捨てて地方都市へと出て、さらなるチャンスとより良い生活を求め地方都市から首都ウランバートルを目指す。首都の領域はどんどん拡大し

チンギス・ハーン広場に立つモンゴル革命の英雄スフバートルの像。

ているのである。まるでウランバートルという別の新興国が、広大な草原に覆われた遊牧民の暮らすモンゴルの中で膨張しているようだ。

チンギス・ハーン広場

ウランバートルの中心はチンギス・ハーン広場である。旧社会主義国で見かける広大な空間を持つ広場だ。2013年にチンギス・ハーン広場と改名される以前は、モンゴル革命の英雄スフバートル(1893〜1923年)の名を冠した広場であった。今も広場の中心には勇ましい騎乗のスフバートル像が立つ。

スフバートル像近くの地面には、同心円に8つの方角を示す印が重なったマークがある。聞くと、道路元標を示すもので、ここを起点に国内各都市までの距離が測られるという。江戸時代に五街道の起点となった日本橋にある道路元標に比べると、随分と大きく凝った作りである。

チンギス・ハーン広場の北側に政府宮殿(国会議事堂)がある。屋上中央部に配置された、ゲルの天井部分を模したと思われる屋根の上には、繁栄を表す火の色「赤」と平和と永遠を表す空の色「青」からなるモンゴル国旗がはためいていた。外観は見事な対称形で、建物中央部に民族の英雄チンギス・ハーンの高さ5m以上もある巨大な座像が威容を放つ。建物の西側に目を向ければ、2代目皇帝オゴデイ・ハーン、東側には5代目フビライ・ハーンの巨大な座像がある。さらに中央のチンギス・ハーン像の手前には功臣ボオルチュとムハリの騎馬像が左右に控えている。歴史書『元朝秘史』では、チンギス・ハーンの8人の優れた臣下を「四駿四狗」と呼び、なかでも四駿と呼ばれた4人は側近中の側近として描かれている。ボオルチュとムハリはとりわけ王の信頼厚き「四駿」のメンバーであったという。座像に近寄れば、博物館や歴史の書物でみる肖像画よりも精悍な目つきと威厳ある表情のチンギス・ハーンがまっすぐに前を見据えている。

　これら銅像群は2006年、チンギス・ハーン即位800年を記念して建立されたものである。この国の人々は20世紀の60年以上におよぶ社会主義時代、チンギス・ハーンを祖国の英雄として崇拝することを禁じられていた。1990年の民主化以降の歴史を振り返った時、民族の誇りチンギス・ハーンは、彼らのアイデンティティを取り戻すために必要な存在であったことは想像に難くない。この広場に限らず、空港からビールまで、モンゴルでは様々な場所や場面において「チンギス・ハーン」の名前を目にし、耳にする。

［上］広場の中心にある道路元標。
［中］政府宮殿の屋根にはためくモンゴル国旗。
［下］レンタサイクルで街角を走る筆者。

［上］政府宮殿の巨大なチンギス・ハーン像。
［下］チンギス・ハーンの功臣「四駿」のうち、
　　ボオルチュとムハリの騎馬像が控える。

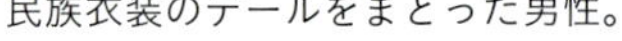

民族衣装のデールをまとった男性。

結婚式を終え、チンギス・ハーン像の前で記念撮影。

首都の夏の風景

滞在中、何度もチンギス・ハーン広場を訪れたが、その時間帯によって広場の雰囲気はすっかり異なる。

夏の午前中に立ち寄った広場では、ウエディングドレス姿の女性を何人も見かけた。8、9月はまさに結婚シーズン。新鮮なアイラグ（馬乳酒）と豊富な乳製品が揃い、果物類が実りを迎える季節である。披露宴に招いた親族や友人らにもご馳走を振る舞えるし、カップルに実り多き人生であってほしいという願いも込められていると聞く。遊牧民にとって、夏は希望に満ちた季節なのである。若きカップルの門出にはぴったりというわけだ。なるほど、この時期、ほぼ毎晩、ホテルの宴会場で結婚披露宴が盛大に行われているのを目にしたわけだ。

チンギス・ハーン像を背景に親族や友人らとともに記念撮影をしていた若いカップルの弾ける笑顔。とりわけ民族衣装デール（長衣）を身にまとった年配の男性は、その佇まいが堂々としていて実に格好が良い。幼い少年がデー

広場は夏の夜、ライトアップされている。

ルを着て胸を張る姿には、ついこちらも笑みがこぼれる。民族衣装というのは、その土地の風土に適応し、宗教や人々の精神、美意識までもが反映されていて、魅力的で艶やかである。

別の日の夕方には、2つのサドルがついた自転車や三輪車のような乗り物が広場にずらりと並べられていた。小さな子供が得意気に乗り回し、若いカップルが歓声を上げながら2人乗りの自転車をこぐ姿も微笑ましい。

夜の帳が降りる頃、広場はライトアップされる。夕食後にふらっと立ち寄ったという雰囲気のカップルの姿、チンギス・ハーンの座像がお目当ての家族連れ、「広場を横切れば近道だから」と言いたげに足早に立ち去る男性。思い思いの目的で行きかう人々を眺めているだけでも全く飽きない。大学などの卒業式後には、多くの若者が記念撮影をするためにこの広場に集まるそうだ。そして大晦日には花火が打ち上げられ、新年を皆で祝うという。ウランバートルの人々にとって、チンギス・ハーン広場は生活に密着した身近な場所であり、憩いの場なのである。

旧ソ連に抑留されていた日本人捕虜によって建設された国立オペラ劇場。

社会主義時代の名残

チンギス・ハーン広場の周囲には社会主義時代を彷彿とさせる建造物と近代的なビルが立ち、モンゴル近現代の時の流れを映し出しているようだ。広場周辺でもっとも興味を惹かれた建物は、広場の東側にある濃いピンク色の外壁に白い柱を持つ国立オペラ劇場（上）であろう。

司馬遼太郎は著書『街道をゆく5 モンゴル紀行』のなかで、「この建物だけはまともに見る気になれない」と記したオペラ劇場。ソ連に抑留されていた日本人捕虜による強制労働によって建造されたものである。

第二次世界大戦後、シベリアに抑留された日本人捕虜のうち1万数千人が、モンゴルに移送され、都市建設に従事させられた。日本人捕虜は極寒のこの地で、現在で言うところのチンギス・ハーン広場をはじめ、政府庁舎や国立オペラ劇場、モンゴル国立大学など数々の建設に携わったと記録されている。

過酷な労働を課せられた日本人捕虜

ウランバートル郊外の日本人墓地、
慰霊碑と記念堂。

は最終的に全体の1割以上がこの地で息絶え、日本に帰還することは叶わなかった。司馬が所属した部隊は終戦前に満州から日本へと引き揚げていたというが、彼自身、命を落とした名も知らぬ仲間を思って直視できなかったのかもしれない。

モンゴルの民主化後、英霊は日本政府の遺骨収集団の手で発掘され、荼毘に付され日本に送還された。ウランバートル郊外にある日本人墓地跡には慰霊碑と記念堂が建てられている。

チンギス・ハーン広場西側のスフバートル通りには、
社会主義時代の面影を残す建築物が並んでいる。

ちょうど国立オペラ劇場の対面、広場の西側を南北に走るスフバートル通りにも社会主義時代を想起させる特徴的な建物が並ぶ。白壁の建物はかつてスフバートルが植字工として働いていたという政府の印刷所。パステル調の薄い緑色をした3階建てのウランバートル市庁舎は、もともとゾース銀行だった建物である。その左隣にあるバルコニーと円柱が洒落た建物がゴロムト銀行。隣接するモンゴル証券取引所は、かつては子供向けの映画館だったそうだ。

そして、スフバートル通りと、チンギス・ハーン広場の南側にある平和大通りの交差点に中央郵便局がある。平和大通りはウランバートル市における交通の大動脈で、朝夕は特にひどい交通渋滞を引き起こす。

平和大通り沿いにあるユニークな形の高層ビルがブルースカイ・ホテルである。三日月のような、船の帆のようにも見えるガラス張りの外観は、太陽の光を反射させて青く輝いていた。その奥にわずかに見えるのが聖なるボグド山である。

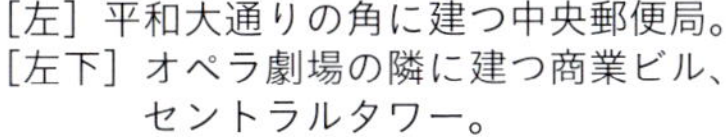

［左］平和大通りの角に建つ中央郵便局。
［左下］オペラ劇場の隣に建つ商業ビル、セントラルタワー。

平和大通りと広場東側の大学通りが交わる角には、モンゴルの経済発展を象徴するかのような17階建ての商業ビル、セントラルタワーがある。ルイ・ヴィトンやバーバリー、ヴェルサーチなど世界的に知られたファッションブランドが店舗を構え、お洒落なレストランやバーが営業している。この建物の中に入ると、まるで香港やバンコクの高級ファッションビルにいるような感覚に陥るだろう。グローバル化の波はウランバートルにも間違いなく押し寄せているようだ。

［上］モンゴル国立大学。

モンゴル帝国における貴族の石人（13〜14世紀）。白大理石で作られており、この時代の石人の中では芸術性と完成度が最も高い作品とされる。

モンゴル国立大学界隈を歩く

チンギス・ハーン広場西側のスフバートル通りを北へ１００ｍほども歩くと、左手のジュルチン通りとの角に国立博物館がある。目印は黒い立方体のモニュメント。社会主義時代の粛清による犠牲者追悼のため、１９９０年の民主化後に制作された。黒い立方体は「抑圧」と「嘆きや苦悩」を表現し、歴史的悲劇を人々の記憶から消し去ってはならないという内省をも込めた作品だという。

国立博物館は１９２４年にオープンした。先史から現代におけるモンゴル史をひもとく歴史的、考古学的、民族学的な遺物や美術作品、工芸品など約5万点を収蔵する。印象的な展示は数々あるのだが、モンゴル系とテュルク系を起源とする20以上もの民族集団の衣装と宝飾品の豊かな色彩と凝った装飾は見応えがある。２０１５年9月にはフビライ・ハーンに関わる常設展示が一般公開されるなど、展示内容の充実が図られている。

博物館見学後、ミュージアムショップに立ち寄ることを楽しみにしている人は多いだろう。国立博物館のミュージアムショップは小規模ながらも、質の良いものを取り揃えている。馬頭琴、絵画類、Tシャツ、フェルトで作った家畜やゲルの小物、帽子やスリッパ、モンゴル将棋、家畜の踝（くるぶし）の骨を使ったモンゴル伝統の遊び道具などである。

国立博物館を右手に見て、ジュルチン通りをそのまま西へと2ブロックも歩くと、右手にザナバザル美術館（→36～41頁）がある。

国立博物館まで通りを戻り、再びスフバートル通りを北へと１００ｍほども歩くと、大きな交差点に差し掛かる。北西の角に見えるペディメント（西洋風の破風）を持つ白い建物が自然史博物館である。建物の老朽化による倒壊の恐れから、残念ながら、２０１３年以来閉鎖されている。

モンゴルは恐竜の化石発掘で世界的に有名。自然史博物館では、白亜紀後期の恐竜の全身骨格や2頭の恐竜が互

［下、右頁左下］館内には先史時代から現代までの幅広い展示に加え、20以上の民族衣装や、フビライ・ハーンに関わる常設展示が一般公開されている。

いに噛みつき爪を立てて戦う姿のままの化石、生まれたばかりと思われる15体もの小さな恐竜が巣で身を寄せ合う化石なども収蔵していると聞く。一日も早い再オープンが待たれるところだ。

自然史博物館のある交差点を渡って北東の角あたりに雰囲気の良い楽器店エグシグレンがある。ト音記号が描かれた看板が目印で、洋楽器やCDといっしょにモンゴルの様々な民族楽器が店頭に並ぶ。

中に入ると、馬頭琴のなんとも心地良い音色が耳に届いた。楽器を試し弾きするための部屋があり、購入者らが時折、楽器を響かせるのだという。見回して目に入ってくるのは、100本以上とも言われる弦が共鳴胴の上に張られ、2本の竹製のバチで叩く打弦楽器ヨーチン（揚琴）や、両手の指を使って弦を弾き、叩き、引っ張るなどして音を出すヤトガ（箏）。さらには、色や大きさ、デザインの異なる馬頭琴がずらりと壁に並ぶ様はなかなか迫力がある。

馬頭琴とは2弦の弦楽器で、胡弓の一種。弓も弦も馬毛が使われ、棹の先に馬頭の装飾が加えられているのが特徴だ。1000年もの歴史がある馬頭琴はユネスコ世界無形遺産にも登録され、民族音楽には欠かせない楽器である。

モンゴルには、馬頭琴にまつわる『フフーナムジル』という民話がある。飼い主である青年フフーナムジルをめぐる男女の愛憎劇に巻き込まれ、殺されてしまった翼のある白い天馬。その亡骸から作られたのが馬頭琴だという、どちらかと言えば大人の話。

ちなみに、馬頭琴にまつわる物語で日本人にも馴染み深いのは、昭和40年代から小学生の国語の教科書にも掲載された『スーホの白い馬』という民話だろう。白馬と少年の間の友情と悲劇的な結末が印象的だ。こちらは今で言う中国の内モンゴル自治区で語られてきたものだそうで、モンゴル国の人々の間での知名度は低いという。

エグシグレンを出て、交差点からザローチョード通りを東へ歩いた。車の往来の激しい通りを挟んで右手に政府宮殿の庭園がある。カフェやレストラン、ショップを横目に見ながら、1ブロックほど歩くと交差点のところに黄色と濃いピンク色の建物、モンゴル国立大学が見えてくる。さらに東へ、交差するバガ・トイロー通り周辺は、学生らで大いに賑わう界隈である。

楽器店エグシグレン店頭の馬頭琴。

オペラとバレエ
Opera and Ballet

意外に思うかも知れないが、モンゴルではオペラやバレエが大変盛んで、そのレベルも高い。

モンゴル・オペラは1963年にチャイコフスキーの『エフゲニー・オネーギン』で幕を開けて以来、50年以上にわたってウランバートルで活動を続けている。81年に現在のモンゴル国立オペラ・バレエ・アカデミック劇場となった。バレエに関して言えば、社会主義時代のモンゴルでは、文化政策の一環としてバレエが積極的に推進されていた。10代の才能ある子供たちは、ロシアや旧ソ連邦下のウズベク（ウズベキスタン）でバレエの英才教育を受けていたという。

近年、オペラ、バレエともにその活躍は目覚ましく、例えば、オペラでは、世界３大コンクールのひとつ、４年に１度開かれるチャイコフスキー国際コンクール（2015年）で、モンゴル出身のアリウンバートル・ガンバートルが声楽部門（男声）１位に輝き、加えてグランプリを獲得した。バレエでは、現在、米ボストン・バレエ団のアルタンフヤグ・ドゥガラーや日本のバレエ団に所属するビャンバ・バットボルトらは、世界を舞台に活躍するダンサーである。

ウランバートルを拠点とするモンゴル国立オペラ・バレエ劇場は10月から６月頃までが公演シーズンとなる。週に１回または隔週に２回、バレエとオペラの公演を行っているようだ。レパートリーは幅広く、よく知られたプッチーニやロッシーニのオペラ作品やチャイコフスキーのバレエをはじめ、モンゴル人が手掛けた作品であるオペラ『ラマ僧の涙』『チンギス・ハーン』『悲しみの三つの丘』などが上演され、これらはとりわけ人気が高い。

民族舞踊と伝統音楽
Folk Dance and Traditional Music

国立劇場の他にも、民間の劇場もあり、観光客に人気だ。写真はトゥメン・エフ民族アンサンブル。

オペラやバレエの公演シーズンは限られているが、モンゴルの伝統的な民族舞踊や音楽の公演は年間を通して国立ドラマ劇場で行われている。濃桃色の外壁が目印の国立ドラマ劇場はチンギス・ハーン広場の南側、歩いて５分足らず。

胡弓の一種である馬頭琴の演奏をはじめ、倍音唱法ホーミーの歌声、うららかに歌うモンゴル民謡、鮮やかな民族衣装のダンサーが様々な踊りを華やかに披露してくれる。馬頭琴やホーミーはユネスコの世界無形文化遺産に登録されており、滞在中にぜひとも鑑賞したい芸術と言えるだろう。

ゲルの形をした仏教寺院

ザローチョード通りからバガ・トイロー通りの交差点を左折し、道なりに北の方へ10分ほど歩くと、丸いゲルの形をしたダシチョイリン寺がある。実にモンゴルらしい寺院である。

ダシチョイリン寺はズーン・フレー（東のフレー）にあった寺院の一つ。かつて転生活仏ジェブツンダンバ・ホトクトの寺院は遊牧するように草原の中で場所を変え、この移動寺院をイフ・フレー（大きな陣営）と呼んだ。最終的に1855年以降、今のウランバートルのセルベ川流域に留まり、後に同市の西に位置していたガンダン寺に対して、「東のフレー」と呼ばれるようになったという。

社会主義時代には、サーカス小屋や物置として利用されたという悲しい過去を経て、民主化後、ダシチョイリン寺がここに再建された。

同寺は今、地元の人々に親しまれており、参拝客が絶えない。敷地内には、黄色や紅色といったラマ僧（チベット仏教の僧侶）の法衣を思わせる色使いの大小3つのゲルがある。

朝9時頃に立ち寄ったのだが、すでに何人もの人がマニ車を回しながら寺院の周りを歩いていた。マニ車とは宗教用具で、回転する筒が取り付けられており、「オム・マニ・ペメ・フム」と真言（マントラ）を唱えながらそれを手で回す。マニ車を回すと功徳が得られるとされ、チベット仏教を信仰するモンゴルの寺院では、必ずと言ってよいほどマニ車を見かける。

また、訪れた人々は僧に参拝に来た理由を述べた上で御札をもらい、御経を読んでもらう人も少なくない。今ではガンダン寺のような規模も荘厳さもないが、私は庶民的な雰囲気のこの寺院がとても気に入っている。

ダシチョイリン寺は再建後、かつてズーン・フレーの寺院で行われていた仮面舞儀礼ツァムの復元復興へ向けて尽力していると聞く。ツァムとは一般的には仮面舞踊と呼ばれるが、実際は、

仮面舞儀礼ツァムの仮面と衣装。ザナバザル美術館蔵

ゲルの形をしたダシチョイリン寺では、
仮面舞儀礼ツァムの復興に尽力している。

悟りの位に達したラマ僧だけが行うことのできる儀礼だそうだ。８世紀にチベットのサムイェー寺建立の際、悪魔退治の舞をまったのがその起源とされている。モンゴルへもラマ僧が伝え、世界文化遺産にも登録されるエルデニ・ゾー寺院で１７８６年にモンゴル初のツァムが行われたという記録が残っている。

ツァムはチベット仏教における仮面舞儀礼であるが、モンゴルに伝来したツァムはモンゴル独自の要素が加えられ、またモンゴル国内であってもどれひとつとして同じ内容のツァムは存在しないという。

ダシチョイリン寺が復興を目指すツァムは、ウランバートルの前身であるイフ・フレーで行われたフレーツァムである。本来ツァムは師匠から口伝で受け継がれる密教の秘儀であるため、社会主義時代にその伝統が途絶えたことで、復元復興することは容易なことではない。しかし、若いモンゴル人僧侶の努力もあって、ダシチョイリン寺では２００３年、約70年の歳月を経てフレーツァムの復活を果たした。

日本料理店「和」なごみ
Nagomi Restaurant

バガ・トイロー通りからアマル通りを歩いて２本目の路地を右折、つまり北へと入ったところに、日本料理店「和(なごみ)」がある。ウランバートル市街地には、モンゴル伝統料理の店もあれば、中華料理、韓国料理、ロシア料理など各国の料理を提供するレストランがある。もちろん日本料理の店も数軒あってありがたいのだが、とりわけ私のお気に入りはこの「和」である。

カジュアルな店作りで、１人でも入りやすく、ほっとする空間。回転寿司が中心だが、しゃぶしゃぶなども日本円にして500〜600円で、しっかりと食べられるし、うどんや天ぷらなどのメニューも揃っている。日本で食べる味と遜色ないクオリティがうれしい。また、日本人大学生をインターンとして採用しており、ウランバートルにいながらにして日本で寛いでいるという感覚が持てる店でもある。モンゴル取材中も、大草原を長時間ドライブしたり、一日中歩いたりして疲れている時など、２〜３日に一度は立ち寄らせてもらった。正直なところ、モンゴルに少し長めに滞在すると、ローカルな食べ物で胃袋に少々疲れが出てくるので日本食が恋しくなる。日本からの旅人にはとても心強い料理店なのである。

住所: 2nd floor of Tavan Bogd Plaza, Prime Minister Amar's Street 2, 8th Khoroo, Sukhbaatar District, Ulaanbaatar, Mongolia

ケンピンスキーホテル・ハーンパレス

Kempinski Hotel Khan Palace Ulaanbaatar

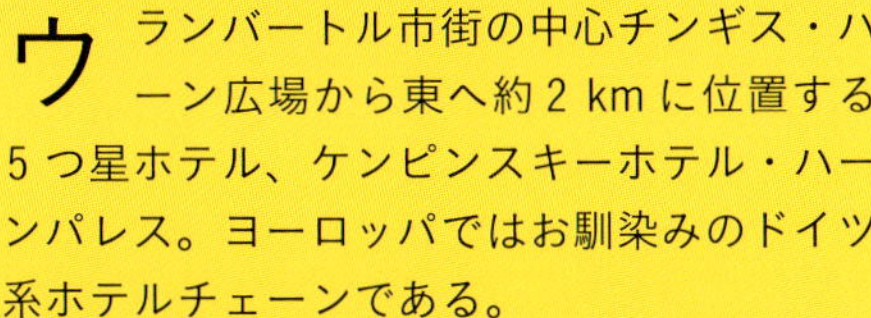

ウランバートル市街の中心チンギス・ハーン広場から東へ約2 kmに位置する5つ星ホテル、ケンピンスキーホテル・ハーンパレス。ヨーロッパではお馴染みのドイツ系ホテルチェーンである。

客室総数は102室（9のスイート含む）で、各部屋に空気清浄機を備え、無料のWi-Fiまたは有線のインターネット接続が可能。リクエストがあればiPadや携帯電話の貸出しも行っている。全客室のバスルームにはシャワーブースと深めのバスタブが別々に備えられている。トイレが日本のTOTO製ウォシュレット付きというのは、海外であまりお目にかかることはないだろう。

また、ドイツ系のホテルチェーンゆえのこだわりだろうか。朝食には焼きたてのパンが多種用意されているのはさすが。バラエティ豊かな食とそのクオリティにおいて、朝食を食べに行くのが楽しみなホテルであった。聞くと、ビュッフェスタイルの朝食は、ウランバートルで一番という「Best in town」に選ばれたとか。

モンゴル料理と西洋料理のレストラン「カラコルム（Khara Khorum）」は、世界各地のワインを揃えている。モンゴル料理というと羊の肉を真っ先にイメージするが、同レストランで、モンゴル北西部にある同国で2番目に大きな淡水湖、フブスグル湖の魚を食したことがある。クセのない淡白な味わいの白身魚のグリルは日本人好みと言えるだろう。日本料理の「サクラ（Sakura）」は鉄板焼きなど本格的な日本の味を楽しめるレストランとしておすすめしたい。

このほかゲスト向けの24時間利用できるフィットネスセンターやサウナ、さらにスパを完備している。

住所：East Cross Road, Peace Avenue, Ulaanbaatar, Mongolia
http://www.kempinski.com/en/ulaanbaatar/

平和大通り界隈を歩く

チンギス・ハーン広場の南西の角に中央郵便局がある。旅の思い出に現地の切手を買い求める人は多いだろう。局内の切手販売カウンターには、旅人らしき数人がガラス棚に入った切手を真剣に見つめていた。

平和大通りを西へと歩いた。この通り沿いにはカフェやレストラン、ベーカリー、書店やレコード店、日用雑貨のショップ、土産物店などがずらりと並ぶ。2ブロックも歩くと右手にノミンデパートがある。地元の人はもちろん、旅行者もウランバートル滞在中に一度は訪れると言ってよいほど人気があり、なんでも揃う。フェルトなどで作られた土産品から、カシミアやウール、ヤクの毛で織られたショールやマフラー、帽子、セーターやコートなど、いつ訪れても土産物やテキスタイルのフロアは混雑している。モンゴルの旅行シーズンである夏は、カシミアなどのバーゲン時期でもあり、ノミンデパートに限らず、どこもバーゲンコーナーを設けているのがうれしい。

骨董品店

ノミンデパートの手前、北へと延びるウェストセルベ通りを進み、さらにジュルチン通りとの交差点を右折すれば、ザナバザル美術館が見える。この間、徒歩で10分ほどの距離であるが、この通り沿いにはアンティークショップが点在している。いずれも、扱う骨董品は仏像が中心だが、遊牧騎馬民族の国らしく銅製の乳入れなど遊牧民の日用品も目につく。だが、なによりも興味を引かれたのは鐙（あぶみ）である。鐙は馬具のひとつで、鞍の両脇から吊り下げ、騎乗する人が足をかけるものである。モンゴルでは伝統的に輪鐙を使っている。

アンティークショップで見かけた多くの鐙は鉄製であるが、中には銀製のものもあった。騎馬民族にとって豪華

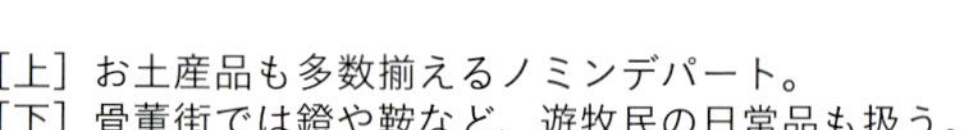

［上］お土産品も多数揃えるノミンデパート。
［下］骨董街では鐙や鞍など、遊牧民の日常品も扱う。

な装飾が施された鐙を含む馬具は、持つこと自体がステータスなのだそうで、高度な装飾が施されていたり、金が使われていたりする。

メルクーリ・ザハ

　ノミンデパートを出て、平和大通りの横断歩道を渡ると、歩行者専用の通りが南へと延びている。アイスクリームスタンド、果物を販売する屋台もある。少し歩くと、道の真ん中に壁があり、その壁際の階段に腰掛けた若者の像があった。反対側へ回ると、リンゴをデフォルメしたような赤れんがの壁に埋め込まれた、ビートルズ4人の彫像が目に飛び込んでくる。このオブジェは必ず両面を見てほしい。裏路地のような場所でこっそりとギターを片手にビートルズの歌を口ずさんでいると思われる若者の像。社会主義時代の青春、そしてこのオブジェの周りを闊歩する今日の自由な若者たち。隔世の感を禁じ得ない。

　このあたりの歩行者専用通りは、ショッピングに、カフェでの休憩にと楽しく過ごせる街角だ。店の奥がバーカウンターになっているターニングポイントカフェ、餃子の店やケーキショップ、インド料理の店もある。カシミアやキャメル、ウール製品などを扱うモンゴル・テキスタイル、フェルトの可愛らしい雑貨やバッグ、キーホルダーなどの小物類を扱うツァガーンアルト・ウールショップも営業していた。

　ソウル通りを横切ってさらに南へと歩いて行くと、黄色の丸い屋根が印象的な巨大なゲルのようにも見えるサーカス場が目に入り、その西側の路地を少し入ると、お目当ての庶民の台所メルクーリ・ザハがある。ザハとは市場のこと。その土地の庶民の生活が見える市場を訪れることは、旅先での大きな楽しみのひとつである。

　さすが遊牧民の国である。乳製品、とりわけチーズは種類が豊富。黄色や

［上］ビートルズのオブジェは、裏側もぜひ見てほしい。
［下］おしゃれな店が並ぶ平和大通り界隈の歩道。

［上］メルクーリ・ザハの青果店の兄妹。新鮮な野菜が並ぶ。
［下］さすが遊牧民の国、チーズの種類も非常に多彩。

クリーム色、白色や薄い茶色、朱色、柔らかいタイプから乾燥タイプまで、形も色も異なる、見たこともないようなチーズが並んでいた。

モンゴル人は日頃、生野菜や果物をあまり口にしないと聞くが、意外にも日本人に馴染みのある果物や野菜が彩りも鮮やかに所狭しと売られていた。その場で解体したに違いないぶつ切りの肉が無造作に並べられた精肉コーナー。その一画に隠れるように僅かなスペースで売られていた魚。モンゴルが内陸国であることを実感する瞬間だ。

メルクーリ・ザハの前から細い路地を北の方へと歩けば、わずか数分でソウル通りに出る。市内をほぼ東西に延びるソウル通りは、レストランやカフェ、パブやカラオケ、ファーストフード店などが軒を連ねる。

ソウル通りをそのまま西へと歩いていけば、欧米などからの輸入品を扱うスーパー、グッドプライスマーケットや、カシミアのブティックなどが店を構えるナランモールがある。ソウル通りを横切り、並木のあるナムナンスレン通りを北へと歩けば、平和大通りに戻ることができ、この角にはウランバートルデパートがあって、モンゴルを代表するカシミアショップが並ぶ。地下にはスーパーマーケットも。白湯を注ぐだけで飲めるスーティ茶のパックなどは、モンゴルの味を気軽に日本に持ち帰ることができる土産としておすすめだ。

ソウル通りにはカフェだけでなく、しゃれたブティックも。

［上右］解体したばかりの肉がごろごろ並ぶ。
［上左］ピンク色の岩塩。これで拳大。

モンゴルの土産
Souvenir

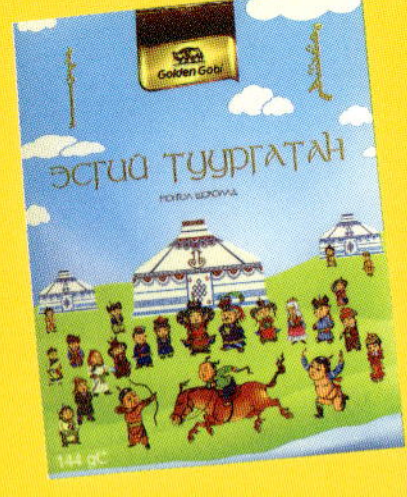

旅先で土産を買うのを楽しみにしている人は多い。かくいう私もその一人。その土地の文化や伝統が感じられるものにはとりわけ興味を引かれる。

モンゴルらしいより手頃な土産としては、フェルトの雑貨がある。フェルトは羊毛などの繊維を縮絨してシート状にしたもので、遊牧民の生活に欠かせないもの。肌触りもよく、軽いので持ち帰るのもたやすい。このフェルトを使ったスリッパや帽子、バッグ、手のひらサイズの五畜（羊、山羊、馬、牛、ラクダ）のマスコット、紅茶が冷めないようにティーポットにかぶせるティーコージーや鍋敷き、コースター、アクセサリー類、ストラップなど、女性ならついつい手に取ってみたくなるような彩りも鮮やかなフェルトの雑貨類は少なくない。

また、羊の踝（くるぶし）の骨を使った伝統的なシャガイという遊び道具やフェルトで作った小さなゲル、フェルトの筒のようなものに入ったモンゴル将棋なども土産物として人気のアイテムである。

モンゴルの岩塩も喜ばれる土産のひとつと言えるだろう。薄いピンク色のものが多く、モンゴル北西部の国境沿いにあるウブス・ヌール盆地の岩塩鉱床から採取される大自然の恵みだ。また、モンゴルのチョコレートといえばゴールデン・ゴビ（Golden Gobi）。ゲルを模した六角形の箱に入ったチョコレートや、民族衣装を着た少女や少年の絵が描かれたミルクチョコレートなどはよく目にする。

こうした土産物は、ノミンデパート、その前を南へ延びる歩行者専用道路沿い、さらには平和大通り沿いに点在する、メイド・イン・モンゴルのテキスタイルの店や雑貨ショップ、土産物店、他にもデパートやスーパーマーケット、メルクーリ・ザハ（市場）で。メルクーリ・ザハで岩塩を買い求めた際、我々が旅人と知ると、店の年配の女性はさり気なくおまけに岩塩の塊を1つ袋にぽいっと入れてくれたこともあった。

モンゴルはまだまだ観光地化されていない。これから先、文化や伝統を愛する多くの旅人が訪れるようになった時、モンゴルの空気や雰囲気をそのまま自国に持ち帰ることができるような、より洗練されたモンゴルらしいオリジナルグッズが今以上に種類も豊富にショップに並ぶことを期待したい。

カシミアのコートを仕立てる
Cashmere Coat

モンゴル土産で一番に思いつくのは、その生産量や質において世界に知られたカシミアだろう。高級なカシミア製品がとてもリーズナブルな価格で購入できるのはうれしい。ラクダ（キャメル）や羊などのウール製品は、マフラーやショール、セーターやカーディガン、コート、ラグなど、色も種類も豊富な品揃えである。モンゴルはカシミア生産で世界シェアの約４割を担っているという。実際、市街地には数々のカシミアショップが店舗を構えている。

モンゴルにおいてその国内マーケットシェア約７割を占めるというゴビ（GOBI）のカシミア工場で、遊牧民から直接買い付けているというカシミア繊維を服地などにする製造過程を視察した。工場内では家畜のにおいが鼻をつく。ガタガタと音を立てる織機、その中で黙々と仕事をする女性の姿が印象的であった。視察の最後、カシミアのコートを仕立てることにした。

デザインはオーソドックスなものから最近の流行のスタイルまで20種類ほどあり、その中から気に入ったものを選ぶ。ポケットの追加などのアレンジにも対応してくれた。カシミアの質や色も選択できる。表生地の色は15種類ほども用意され、その多さに圧倒されるばかり。裏地は無地からペイズリー柄まで20種類ほどもあっただろうか。あれこれ悩んだ末、表生地の色については冒険をせずにオーソドックスな紺色を選択し、裏地にはピンク系の色をあわせることにした。

コートのデザインは日本のメーカーとの協力関係があるため、日本人好みのスタイルも多い。デザインと生地を選択したら、次は採寸。翌日に仮縫いをして、注文からわずか72時間でカシミアのコートが手元に届けられた。これなら旅人であっても気軽にオーダーできるし、流石にカシミア繊維の工場直営店で作るだけあって、値段もかなりリーズナブルであった。

GOBI Factory Store
住所: Industrial Street, 3rd Khoroo, Khan-Uul District, Ulaanbaatar 17062, Mongolia
http://www.gobi.mn/en/

ノスタルジックモンゴル鉄道

ウランバートルから郊外へと出かける途中、車道沿いに旧型の機関車がいくつも置かれていたので、興味をそそられて立ち寄ってみた。ここは鉄道博物館。社会主義時代にも走っていた列車が並んでいる。中には車両の先頭部にスターリンの肖像レリーフが取り付けられた機関車や蒸気機関車などが屋外展示されていた。

同じ通り沿いのウランバートル駅を訪ねた。駅舎は社会主義時代から使用されていたもので、その待合室の天井には豪華なシャンデリアが輝いていた。随分と昔にシベリア鉄道で旅した時に見かけた駅舎によく似ている。

鉄道路線図を見ると、モンゴルは中国とロシアを結ぶ路線上に位置することが分かる。この鉄道はモンゴルを南北に貫く。首都を起点に北上してロシアとの国境の町スフバートルを結ぶ路線、あるいは南下してゴビ砂漠を通っ

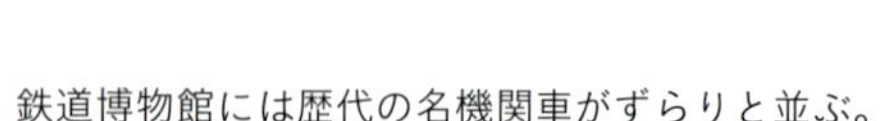

鉄道博物館には歴代の名機関車がずらりと並ぶ。

［上］モンゴルの鉄道は中国とロシアを結び大草原を行く。
［下］ウランバートルの豪華な駅舎。

［上］スターリンの肖像レリーフをつけた社会主義時代の機関車。
［下］ウランバートル駅で現役の機関車の運転士と談笑する筆者。

て中国との国境の町ザミーンウードへ向かう路線がある。

　ウランバートルからスフバートル行きの列車に乗った。緑の車体がノスタルジックな雰囲気を醸し出す客車に乗り込むやいなや、およそ半世紀前の記憶が鮮やかに蘇ってきた。弟と一緒に乗ったシベリア鉄道の寝台車とこの車両は、まさに瓜二つだったのである。車両ごとに設けられた車掌室も、通路に置かれた湯沸かし器も。コンパートメント内の窓際に設置された固定式のごついテーブルにも見覚えがある。さらに2段ベッドに落下防止用ベルトが付いていない点も当時と同じである。

　鉄道の旅はどこか懐かしい思いを抱かせてくれるもの。数十年間も変わらぬ姿を今に残す駅舎や車両に、まるでタイムスリップしたような気さえした。

ウランバートル発スフバートル行きの列車に乗った。
客車内はかつてのシベリア鉄道を彷彿とさせ、
途中の駅もノスタルジックな雰囲気。

シャングリ・ラ ホテル ウランバートル
Shangri-La Hotel Ulaanbaatar

2015年に開業したばかりの5つ星ホテル、シャングリ・ラ ホテル ウランバートル。在モンゴル日本国大使館をはじめ、各国大使館が多く集まる地区で、市街地の中心チンギス・ハーン広場から徒歩10分圏内にある。ホテル近くにはチョイジン・ラマ寺院博物館も。

客室総数は290室（14のスイート含む）、一般的な客室でも42㎡と広々としており、室内はベージュ系の淡い色調による落ち着いた雰囲気。南向きの客室からは聖なるボグド山を一望でき、北向きの客室からはチンギス・ハーン広場など市街地の風景が広がる。バスルームは床暖房を完備し、シャワーブースとバスタブは別々に備えている。客室に限らず、ホテル内では無料のWi-Fiによるインターネット接続が可能。

ホテル内レストランのひとつ「胡同(Hutong)」では、北京ダックから中国北部の餃子、鍋料理や麵料理など様々なタイプの中国料理が楽しめる。「カフェパーク（Cafe Park）」は、ビュッフェスタイルの食事を終日（朝、昼、夜）提供。オープンキッチンで調理したばかりの世界各国の料理がずらりと並べられる。モンゴルで新鮮な野菜や果物類が豊富に食せるのはうれしい。「ナーダム（Naadam）」は、流行に敏感でセンスあるウランバートルっ子や海外からの駐在の人々が集まる、注目のレストラン・バー。最高級のウォッカや世界各地のワインが楽しめる。

スパ施設のほか、ヘルスクラブにはジムやジャグジー、サウナやスチームバスを完備。ジムではプロのトレーナーがアドバイスしてくれる。

住所: 19 Olympic Street, Sukhbaatar District-1,
Ulaanbaatar 14241, Mongolia
http://www.shangri-la.com/jp/ulaanbaatar/shangrila/

夕日に映えるザイサン・トルゴイ。1971年にチンギス・ハーン広場の南3kmほどの丘の上に建てられた記念碑には、伝統的なモンゴルの火「トルガ」を中心に、壁画にはソ連とモンゴル両国民の友好と、ナチスと大日本帝国への抵抗の軌跡がモザイクで描かれている。

第4章 カラコルムを歩く

世界遺産「オルホン渓谷の文化的景観」を訪ねて

ウランバートルからカラコルムに向かう途中、道標のように
点々と草原に並ぶのは、突厥時代（6～7世紀）の墓標。

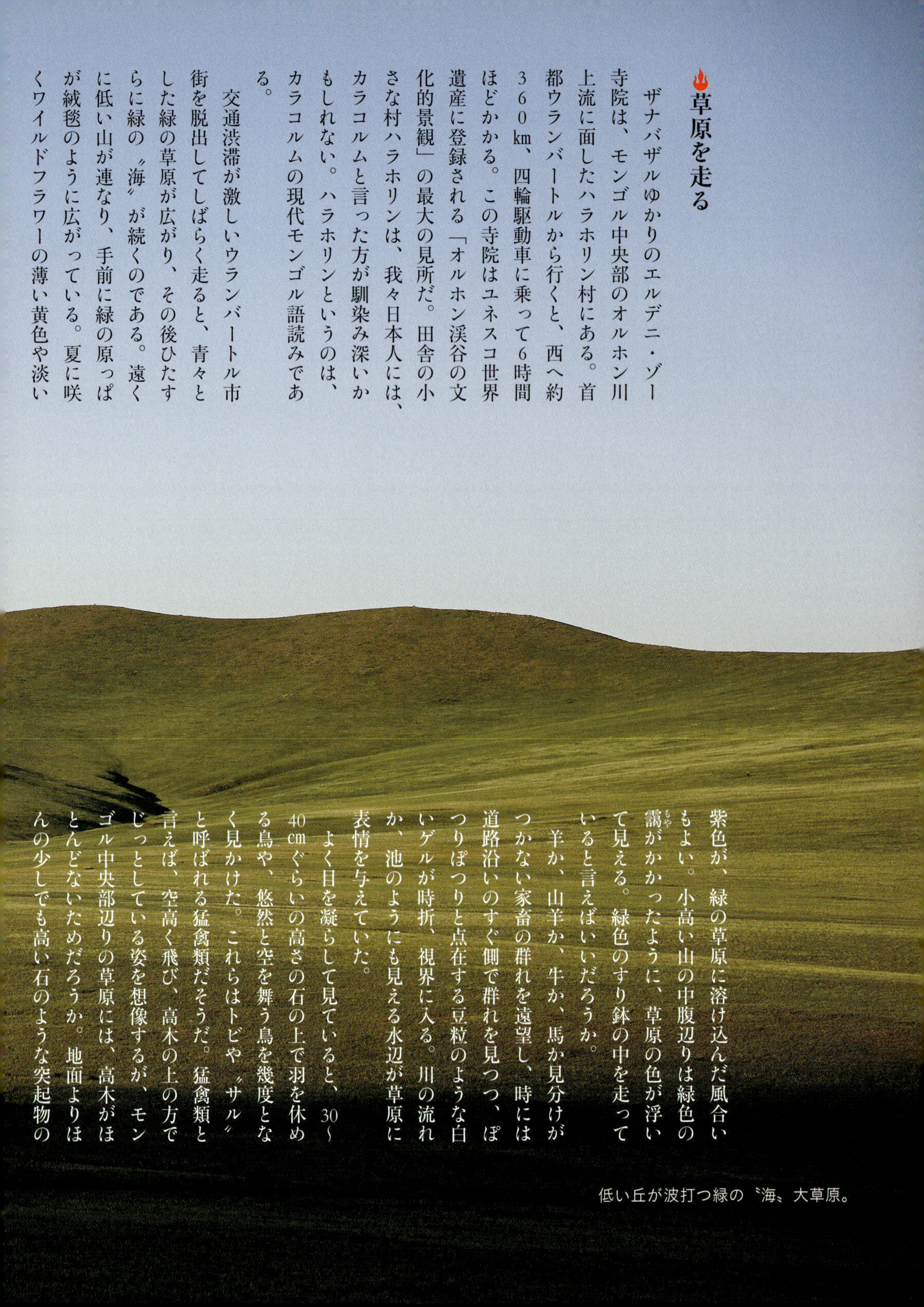

草原を走る

ザナバザルゆかりのエルデニ・ゾー寺院は、モンゴル中央部のオルホン川上流に面したハラホリン村にある。首都ウランバートルから行くと、西へ約360km、四輪駆動車に乗って6時間ほどかかる。この寺院はユネスコ世界遺産に登録される「オルホン渓谷の文化的景観」の最大の見所だ。田舎の小さな村ハラホリンは、我々日本人には、カラコルムと言った方が馴染み深いかもしれない。ハラホリンというのは、カラコルムの現代モンゴル語読みである。

交通渋滞が激しいウランバートル市街を脱出してしばらく走ると、青々とした緑の草原が広がり、その後ひたすらに緑の〝海〟が続くのである。遠くに低い山が連なり、手前に緑の原っぱが絨毯のように広がっている。夏に咲くワイルドフラワーの薄い黄色や淡い紫色が、緑の草原に溶け込んだ風合いもよい。小高い山の中腹辺りは緑色の靄がかかったように、草原の色が浮いて見える。緑色のすり鉢の中を走っていると言えばいいだろうか。

羊か、山羊か、牛か、馬か見分けがつかない家畜の群れを遠望し、時には道路沿いのすぐ側で群れを見つつ、ぽつりぽつりと点在する豆粒のような白いゲルが時折、視界に入る。川の流れか、池のようにも見える水辺が草原に表情を与えていた。

よく目を凝らして見ていると、30～40cmぐらいの高さの石の上で羽を休める鳥や、悠然と空を舞う鳥を幾度となく見かけた。これらはトビや〝サル〟と呼ばれる猛禽類だそうだ。猛禽類と言えば、空高く飛び、高木の上の方でじっとしている姿を想像するが、モンゴル中央部辺りの草原には、高木がほとんどないためだろうか。地面よりほんの少しでも高い石のような突起物の

低い丘が波打つ緑の〝海〟大草原。

上で彼らは羽を休めるしかなさそうだ。

夏に見るモンゴルの草原はどこを切り取っても絵葉書になるほど、実に明媚で壮観である。どこまでも続く大草原を前にして「だんだんと見飽きてくる」と言った人がいたが、私はそうは思わない。同じ草原でも、例えば、ウランバートルから北東約60kmに位置するテレルジ国立公園へ行く時に目にする草原と、ハラホリン村に向かう際に見る草原は、連なる山の位置やその高さによって印象が異なる。真っ青な空とぽかりと浮かぶ雲、緑の原っぱに点在する白いゲルや家畜の群れが創り出す景観は、同じ草原でも違って見えるのである。

日本では到底見ることのできない延々と続く大草原。紀元前3世紀に遊牧騎馬民族がモンゴル高原で最初の帝国匈奴を築いてから、2000年以上の間、変わらない風景がこの地には残されているのだろうか。帝国の興亡が繰り広げられたこの地の圧倒的な風景を見飽きるなどということはない。

4時間近くも走った頃、草原の中に砂丘が現れた。ブルドと呼ばれる景勝地で、砂丘は南北に帯のように続いているため、気がつけば、目の前の景色は再び草原に戻っていた。

砂丘地帯を過ぎてしばらく進むと、舗装道路が終わり、車は草原の真っただ中を走り始めた。ぬかるんだ大地には轍（わだち）ができ、それが乾燥して凸凹状態に固まり、その凸凹を避けて通った別の車の轍が縦横に重なり、さらに走りにくい道を作り出していた。スムーズに進むことも、スピードを出すこともできず、頭を車の窓枠に打ち付けないよう、頭上のアシストグリップをしっかりと握った。車体は大きく揺れ、時に激しい揺れに車内で笑いが漏れることもあり、これはこれで大変愉快な体験であった。

こうして、ようやくハラホリン村に到着した。

カラコルムまで、大草原を四輪駆動車で6時間ほど走る。
時々、思い出したように遊牧民のゲルと牛馬、羊などが現れる。

これも突厥時代の遺構。羊や獅子、人物像なども遺る。

カラコルム博物館

ハラホリン村に到着してすぐにも世界遺産のエルデニ・ゾー寺院へと行きたいところだが、オルホン渓谷付近で繰り広げられた遊牧国家の興亡の歴史を自分自身で感じるために、まずはカラコルム博物館を訪れた。日本の文化無償資金協力によって建設された博物館は2011年にオープンした。オルホン渓谷の人類の歴史を石器、青銅器、古代国家、モンゴル帝国の4つの時代に区分して紹介し、渓谷周辺に点在する遺跡で発掘された遺物を展示している。収蔵品は1500点超、このうち60点は国の重要文化財に指定されているという。館内スペースや収蔵品の規模から決して大きな博物館ではないのだが、展示方法に工夫が見られ、なによりも多くの展示品の解説が日本語でなされているのが実に有り難い。

ユネスコや博物館などの資料によると、世界遺産「オルホン渓谷の文化的景観」は、オルホン川の上流両岸に広がる2県5村に跨る地域(総面積121・967ha)をその範囲とする。ハンガイ山脈東部に源を発するオルホン川の上流部、オルホン渓谷一帯は、川の恵みによって肥沃な牧草地を育み、先史の時代から遊牧民が家畜を飼って暮らしていた。

点在する遺跡は、6世紀頃以降の突厥時代から、ウイグル帝国、さらにチンギス・ハーンが築いたモンゴル帝国の栄えた14世紀頃までを含み、ユーラシア大陸の東西を結ぶ重要な交差点としてオルホン川上流域が機能していたことがわかる。

常設展示室の中央に置かれたモンゴル帝国の都城カラコルムの大きな復元模型からは、当時の遊牧騎馬民族の都市の姿を知ることができる。カラコルムは、2代目オゴデイ・ハーンの時代に最初の都市建設が行われた。だが、オゴデイはここには住まず、ほとんどの時間を季節ごとに移動していたオルドと呼ばれるハーンの天幕(ゲル)で暮らしていたという。

復元模型はモンゴル帝国4代目皇帝モンケ・ハーン時代の都を再現したもので、都はエルデニ・ゾー寺院のすぐ近くに位置していたと考えられている。城壁(土塀)で囲まれた約1・6㎢の都には当時、最大1万5000人が暮らしていたと推定されており、契丹、中国、チベット、ウイグル、ペルシャ、インドのほか、ヨーロッパから連れてこられた捕虜も少なくなかったようだ。模型から、ユーラシア大陸のほとんどを制したモンゴル帝国の都がいかに活気に溢れた国際都市だったかを想像するのは難しくない。

仏教と道教の寺院をはじめ、イスラムのモスクやキリスト教の教会堂、イスラム教徒の商業地区、契丹人の職人地区などもある。都の北西部にはほとんど建築跡が発見されなかったことから、遊牧民のゲルが点在していたというのが定説だそうだ。なるほど、ゲルは移動式住居であるから、跡が残ることはないのだろう。

博物館は、とりわけモンゴル帝国時代の13〜14世紀頃の展示が充実している。アラビア文字の刻印のある古銭、天日干し粘土の如来像、青釉碗や染付茶碗、モンゴル帝国統治時代の遊牧部族の紋章が刻まれた煉瓦、白磁、精巧な模様が施された金製のブレスレット

［左頁］カラコルム博物館（上右）に展示されている
モンゴル帝国の首都カラコルムの復元模型。

など様々な遺物が展示されている。

その中で目を引いたのが、ソヨンボ文字が記された14世紀の石碑であった。17世紀から18世紀初頭を生きたザナバザルが生み出したソヨンボ文字が、なぜ14世紀の石碑に刻まれているのか？　聞くと、14世紀後半に衰退したカラコルムの廃墟に残されていた石碑を含む廃材を建築資材としてエルデニ・ゾー寺院建立時（16世紀）に再利用したそうだ。そこで使われた石碑に、さらに後にソヨンボ文字が彫り込まれたということになる。

最後に、カラコルム博物館は日本政府の協力で建造されただけあって、日頃より日本で慣れ親しんだ洋式トイレがあるので、特に女性は覚えておくとよいと思う。正直なところ、ウランバートルを離れ田舎町や草原へ出ると、用足しを我慢したくなるようなトイレに出会うことも珍しくない。外国からの旅人の視点からすると、今後多少なりとも改善してほしいというのが本音である。

エルデニ・ゾー寺院

カラコルム博物館に程近いエルデニ・ゾー寺院は、モンゴル最古のチベット仏教寺院である。ザナバザルもこの寺院で多くの時間を過ごしたという。エルデニ・ゾー寺院は、彼の曾祖父であり、チンギス・ハーンから数えて29代目のハーン、アバダイ・ハーン（1554〜1587年）によって1586年（または1585年）に創建された。先にも述べた通り、寺院建立にあたっては、旧都カラコルムの廃墟に残されていた建造物の柱や礎石、壁などの廃材を再利用したため、13〜14世紀の石碑などが現存しており、その一部は石のモニュメントとして同寺院内で一般公開されている。中にはウイグル時代（8〜9世紀）のものと推測される黒いライオン像もある。

空撮写真を見るとよくわかるのだが、エルデニ・ゾー寺院は一辺が約400mのほぼ正方形の外壁で囲まれている。各辺に門が配され、ほぼ南向きの一辺にある門が現在、寺院への出入口となっている。

この門の前に立ち左右を見ると、白い外壁とそこに設置された白い仏塔が太陽光を反射して眩しい。108もあるというこれら仏塔の上部にはソヨンボ文字が刻まれている。早朝に訪れたこともあり、観光客はまばらで、信者の姿の方が目についた。

400m四方に108の塔を持つ外壁で囲まれたエルデニ・ゾー寺院。

寺院内へと入った。等間隔に並ぶ仏塔の外壁を見渡すと、どちらかと言えばガランとした感じの空間が広がる。この空間の左側に十数棟の寺院や仏塔が見え、右側半分は建物がほとんどない緑の草原となっていた。

かつて学問を修める大学問寺であったエルデニ・ゾー寺院は、モンゴル仏教の中心として19世紀に最も栄えたという。1872年当時、62の寺院を含む500以上もの建物があり、1500人もの僧侶が暮らしていたと記録されている。

資料によると、敦煌探検で知られる大谷探検隊の橘瑞超や野村栄三郎らが1908年、第2次探検の際にエルデニ・ゾー寺院を訪れ、寺院内に宿泊しつつ、境内の様子や僧院などの配置を記録し、旧都カラコルム時代の碑文に関する調査などを行ったという。彼らはモンゴル仏教の中心的存在であるエルデニ・ゾーの賑わいを肌で感じたに違いない。

もっとも、橘や野村の見た寺院が60以上もある風景は、今はもう存在しない。社会主義時代の1936〜193

「3つの寺」という意味のゴルバン・ゾー。

9年にかけてセンゴル国内における仏教弾圧によって、エルデニ・ゾー寺院の建物はそのほとんどが破壊され、現存するのはわずか18棟のみ。多くの僧侶は追放、あるいは殺害されたという。その後、残された僧侶らの訴えが叶い、エルデニ・ゾー寺院は政府の保護下に置かれ、1965年、宗教博物館として存続することとなった。

ダライ・ラマとモンゴル

南辺にある門からまっすぐに中へと進んだ。最初に入った建物はダライ・ラマ寺であった。緑色の瓦屋根と弁柄色とでも言えばいいのか、赤茶色の壁が印象的だ。この寺はザナバザルの兄チャホンドルジが1675年、ダライ・ラマ5世のために建立したという。

内部は博物館になっていて、正面奥にザナバザル像が鎮座し、両側の壁に並ぶ掛幅装の仏画（タンカ）は、そのほとんどが転生活仏ダライ・ラマの姿を描いている。これらの多くは18世紀の作品だそうだ。

ダライ・ラマという名は、モンゴル

四方を囲む外壁に連なる塔。

のトメト部族アルタン・ハーンが1578年、チベット仏教ゲルク派の高僧ソナム・ギャツォに与えた称号である。「ダライ」とはチベット語の「ギャツォ」のモンゴル語訳で「大海」を意味し、「ラマ」はチベット語で「高僧」の意だという。転生活仏ダライ・ラマは14世まで現在も続いているが、4世はアルタン・ハーンの曾孫に転生したとされる。壁には4世の姿が描かれたタンカもある。ぜひ探してみてほしい。寺内には法具なども展示されている。

　ダライ・ラマ寺の西側にあるのが、「3つの寺」という意味のゴルバン・ゾーである。深緑色の瓦と弁柄色や白色の塀、そして黄金色や黄色といった色彩が施された中国風建築群で、その名の通り、正面に中央寺、左手に西寺、右手に東寺があり、西寺の前にはアバダイ・ハーンの廟が、東寺の前にはザナバザルの父の廟がある。ゴルバン・ゾーは御経を読むのではなく、いずれも祈りを捧げる礼堂だったそうだ。現在は博物館であり、タンカや壁画、仏像、モンゴルで初めて行われた仮面舞儀礼ツァムの仮面などが展示されている。

　例えば、1586年建立の中央寺。正面には釈迦像を真ん中に両脇には阿

［上］ダライ・ラマ寺に祀られたザナバザル像。
［下］修行僧たちが貝を吹いて法要の時間を知らせる。

エルデニ・ゾー寺院ソボルガン塔。

エルデニ・ゾー寺院周辺には亀の形の台座がいくつか遺っている。

弥陀如来と薬師如来の像が祀られている。２階には１０００体の仏像が安置されているという。この２階は宇宙を表わす空間で、昔から一般の人はもちろん、僧侶であっても入室ができず、現在も一般公開されていない。たとえ博物館と位置づけられていても、全国から訪れた信者はゴルバン・ゾーを一つひとつ巡り、柱や仏像などに額をつけて、あるいはその場で五体投地をして祈りを捧げていた。

「３つの寺」を出て、エルデニ・ゾー寺院内の北西の一角にあるラプラン寺へ行った。白い壁と瓦のない平坦な屋根はチベット様式の建築である。耳に心地良い低い声で御経を読む僧侶らの声が建物の外にまで聞こえていた。再興を果たしたラプラン寺には現在、１００人ほどの僧侶が修行しており、毎日40人ほどの僧が法要を行っていると聞いた。中にはまだ幼い僧も含まれ、確実に仏教復興が進んでいるのだと感じる。

お堂に入ると、線香の匂いがした。日本のそれとは異なる強いハーブのような匂い。ラプラン寺の管主が主導し、

［上右］ゴルバン・ゾー東寺の本尊。
［上左］ゴルバン・ゾー西寺の本尊。

幼い修行僧もいっしょに御経を読んでいるのだが、カメラを構えた観光客らがどうも気になるようであった。ラプラン寺の周りにはマニ車が置かれ、何人もの人々がマニ車を回しながら寺を一周していた。

ラプラン寺の修行僧たち。

仏塔に降り注ぐ星

夜もすっかりふけた頃、星を見にエルデニ・ゾー寺院へ出かけた。月明かりで淡く輝く白い仏塔は幻想的ですらあった。懐中電灯の明かりを手がかりに外壁沿いを歩いた。野草のメンソールのような匂いが鼻孔をつく。この日は、満月ではないにしても、月明かりがかなり強く、雲ひとつない空であったが、満天の星を観察するとはいかなかったのは残念であった。それでも天の川や夏の大三角形を見ることができた。周囲は何もない草原で、まるで大自然のプラネタリウムにいるような、地平線を望む360度の視界で見渡す星空も思い出深いものではあるが、世界遺産エルデニ・ゾー寺院の仏塔に降り注ぐ星々は、独特の神聖な雰囲気を醸し出していた。

ハル・バルガス遺跡

エルデニ・ゾー寺院から北西へ車に乗って40分ほど、オルホン川の西岸にハル・バルガス遺跡がある。8〜9世紀頃のウイグル帝国の都オルドゥバリク（宮殿の町）が置かれた城址で、ここも「オルホン渓谷の文化的景観」として登録される世界遺産の一つである。

もし、時間的な制約などで、エルデニ・ゾー寺院の他に一つくらいしか遺跡を巡れないのであれば、このハル・バルガス遺跡をお勧めしたい。ただ、残念ながら、整備された観光地を期待する向きには、肩透かしとなるかもしれない。考古学者らによる発掘調査が行われたものの、遺跡は埋め戻されており、発掘された遺物が解説入りで展示されているわけではない。崩れ落ちそうな宮殿跡の土塁や城壁などが残されていて、その側にハル・バルガス遺跡であることを示す案内板があるだけだ。それでも、この遺跡の土塁に上って眺める壮大な草原の風景は、また訪れたいと思わせるのに十二分な迫力がある。

午後も遅い時間にハラホリン村から車を走らせた。途中、車窓から見下ろしたオルホン川はくねくねと蛇行し幾筋もの流れを作っていた。真っ青な空を映すオルホンの川面は緑の草原に表情をつける。地層が剝きだしの崖、水辺に群れる家畜は牛だろうか、羊だろうか。連なる山を遥か遠くに望めば、これまで見た風景とは異なるタイプの草原に思える。

突然、ドライバーが車を止めた。どうやら道を間違えたようだ。ハラホリンへと引き返すのかと思いきや、今まで見下ろしていた草原へと車を駆った。まるで馬にでも乗っているかのようにアクセル全開で草原を突っ走った。「もともとモンゴルに道という言葉はないんだ」と冗談を言いながら、目的物を目指して、〝アタリを付けて〟走った。

誰もいないハル・バルガス遺跡は静まり返っていた。高さ7〜8mもあると思われる南の城壁（土塁）を上り、しばらく歩いた。城壁の内外は草で覆われているものの、地面に線を引いたような盛り上がりがあり、かつての街路のようにも見える。城址内の西側に城壁よりもさらに6mほども高い土塔があり、そこにはオボー（石積みの塚）が立ててあった。この土塔を仏塔、あるいは見張りのための塔とする説もあるようだ。1000年を超える歳月は容赦なくかつての栄華を朽ち果てさせている。

足元をふと見れば、手のひらにすっぽりと入るほどの何かの破片がそこら中に落ちている。8〜9世紀のウイグル時代のものなのだろうか。赤茶色や濃い灰色の砕片、薄い破片もあれば、厚さ2cmもあろうかと思うほどのものも。中には、粗い目の布で型押ししたような模様が付いたかけらも無造作に転がっているのである。建設材なのか、あるいは陶器のかけらなのかわからない。

人影ひとつない城壁跡に立ち、見渡す大草原は圧巻である。360度まったく遮るものもなく、これほど広く、青い空を最近見たことはあっただろうか。見渡す限りの草原、家畜の群れとゲル、遠くの方には薄く山の稜線が見える。緑の地平線と限りなく広い空をただただ眺めた。夕方にもかかわらず、太陽はジリジリと照りつけるのだが、乾燥しているためか汗をかかない。遠くの方の空に灰色の雲が見えてきた。遠望する山のあたりは雨が降っているのだろう。

通訳のオトゴンさんが、木々が一列に並んでいるところがオルホン川の流れているところだと教えてくれた。目算でその距離1km以上だろうか。

ここで素朴な疑問が湧いた。なぜウイグルの人々は、オルホン川からこれほど離れた場所に都城を建設したのだろうか。すると、オトゴンさんは「遊牧民の感覚からすると、この都城は川の側に建設したということになります」と笑っていた。なるほど、移動を常とする遊牧民と農耕民族である日本人は、距離感覚がまったく異なるということなのかもしれない。ほんの一瞬ではあるが、遊牧民と自らの感覚の違いの核心に触れたような気がした。

発掘後、埋め戻されたハル・バルガス遺跡。
土塔の頂上にオボーが立つ。

ウランバートル郊外の草原に暮らす人々。
観光シーズン中はモンゴリア・ノマディックで、
伝統的な遊牧の生活を紹介してくれる。

第5章

遊牧の民に会いに行く

草原に生きる

厳しい自然環境下において、モンゴル高原の人々は、匈奴時代から2000年以上にわたって家畜とともに季節ごとに移動しながら遊牧する生活を続けている。かれらの生活スタイルやルールがあってこそ、今も青々とした草原が残されているのだろう。草原を走っていると、山の中腹よりも少し下あたりに囲いや簡単な屋根付きの柵を見かけることがある。これは冬に使う家畜用の柵で、寒さを少しでも和らげるためのもの。遊牧民は、冬になると、北西からの冷たい風を避けるため山の南側斜面や谷のような窪みのあるところにゲルを立てて暮らしている。

家畜は彼らの衣食住の源である。山羊、羊、牛(あるいはヤク)、馬、ラクダを五畜と呼び、北部ではトナカイも家畜のひとつに数えられる。草原は恵みであり、家畜は財産。ここでは自然と家畜と人間が共生しているのだと強く感じた。

遊牧民のゲルへと向かう途中、ハル・バルガス遺跡近くで羊や山羊の群れと遭遇。「何しに来たのか」と言いたげにこちらをじっと見る羊も。9月に入ってしばらくすると、青々とした牧草は枯れ始める。

白い食べ物、赤い食べ物

家畜と人間がともに寄り添いながらの暮らしは、食生活を見ても明らかである。モンゴルには「白い食べ物」と「赤い食べ物」があるという。

夏から秋にかけて五畜から絞った乳は様々な乳製品へと生まれ変わる。その数は30種以上にも及び、異なる味や形、食感の乳製品を総称して「白い食べ物」と呼ぶ。

馬乳酒（アイラグ）、アルヒ（蒸留酒）、ゲルの屋根で天日干しして乾燥させたアーロールと乾燥させる前の半生状態のアールツ（いずれもチーズ）、甘みのあるクリームのようなウルム、エーズギー（赤茶色の硬いチーズ）、タラグ（ヨーグルト）など、ざっと頭に浮かぶものだけでもこれだけある。

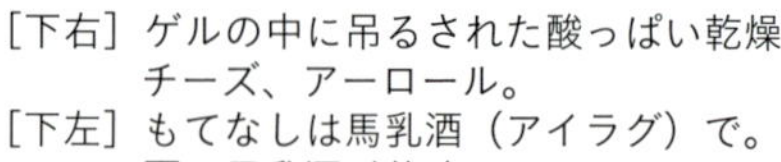

［下右］ゲルの中に吊るされた酸っぱい乾燥チーズ、アーロール。
［下左］もてなしは馬乳酒（アイラグ）で。夏は馬乳酒が美味しい。

［上右］最近ではパンに載せて食べることもあるという、ほんのり甘いウルム。
［上左］ホスタイ国立公園内にあるホスタイ・ツーリストリゾートでは手作りのプレーンヨーグルトを作り、滞在客に提供している。

一方、遊牧民にとって、冬の主食は肉である。これが「赤い食べ物」だ。寒い冬は肉の長期保存に好都合。解体した家畜は茹でたり石焼きにしたりする。内臓は塩茹でにし、肉は乾燥させて凍らせ、さらに乾燥させて干し肉として保存する。生きる上で大切な家畜の仔は基本的に食べない。

こうした肉料理は食べ慣れていないと多少の臭みを感じるが、ホーショール（揚げ餃子のようなもの）やボーズ（蒸し餃子）、肉うどんなどは食べやすい。

遊牧民に限らず私の知るモンゴル人は皆、肉の種類で言えば、羊の肉が一番好きだという。しかし、前回、ウランバートルを訪れた際、取引先の会社で働く女性スタッフが、生まれも育ちもモンゴルだけれども羊肉が苦手だと言うのを聞き驚いた。個人的な嗜好だろうか、あるいはそのような若い世代も登場し始めたということなのだろうか。

［上右］肉入りのスープ。臭みはそれほど気にならない。
［上左］モンゴルの市場では大量の肉が大胆に売られている。
［下右］とりわけ旧正月には大量のボーズ（蒸した肉餃子）を食べる。
［下左］人気のモンゴル風しゃぶしゃぶ。羊肉や牛肉、野菜も豊富に食べられる。

遊牧民との出会い

エルデニ・ゾー寺院のあるハラホリン村に滞在中、あるゲルを訪れる機会を得た。それまで、現地の知人や取引先のモンゴル人に自然と共生する遊牧民の生活について、あれこれ質問をしたことがあったのだが、その際、「ではご自身でゲルを訪ねたらいかがですか」と言われ、チャンスがあれば遊牧をする人と直接話がしたいと思っていた。そのことを通訳のオトゴンさんに話すと、「では、立ち寄りましょう」と、ちょうどその時、視界に入った、遠くに見えるゲルを指差した。彼女にとっても見ず知らずの遊牧民のゲルだそうだ。

遊牧民は初対面の人が訪ねてきたら、もてなすのが礼儀であり、当たり前であるとのこと。昔は、遠くの方からゲルとともに移動して来る人々を見かけると、移動の最中では食事もできないだろうと、赤の他人の彼らの食事の用意をして待っているのが慣習だったと聞いた。とは言え、現代においては、突然の訪問では怪訝な顔をされるのではないかと、内心少し心配だった。そんな私の胸中を察したのか、オトゴンさんは「大丈夫です。大丈夫です」と言い、ドライバーに何やら指示をしたと思ったら、四輪駆動車のハンドルが思いっきり右へと切られ、草原を大胆に横切り始めたのである。間もなくして、そのゲルの前で車は止まった。

ゲルから出てきた女性は、オトゴンさんと一言二言、言葉を交わすと、笑顔で我々を「さあさあ」とゲルの中に招き入れてくれた。南東に向かって取り付けられた扉から、知人に教えられた通り、遊牧民のマナーに則って右足からゲルの中へと、躓かないように注意しながら入った。ここで躓くと不幸をこの家に入れてしまう。そして、女性が指差した正面に向かって左側のベッドに座った。

女性の名前は、バダムハンドさん。彼女の人懐こくて、素朴な笑顔にほっとするとともに、「もてなしは本当だったのだ」と嬉しくなった。

ゲルの中は想像していたよりも広い。正面、つまりゲルの一番奥の空間をホイモルと呼び、上座となる。ホイモルには箱形の収納棚があった。この棚の模様はウルジーと呼ばれる吉祥紋である。宿泊施設として利用したことのあるキャンプ村のゲルにあった家具の模様と大変よく似ている。この収納棚の上には仏様が祀られている。その両サイドには競馬の大会で優勝した際のメダルや額入りの賞状、家族の写真、政府に優良遊牧民として表彰された際の記念の写真などが飾られている。この家の「誇り」がここにあるのだ。

ゲルの中央には2本の柱がある。これら柱とその手前の「炉」のスペースが神聖な空間だそうで、現代ではストーブが置かれ、ゲル全体が暖かくなるように工夫されている。2本の柱の奥には長方形のテーブルがあった。ここが食卓。仏様が祀られている正面に向かって、左右両サイドにはベッドがあった。

ゲルの入口から見て右側は女性の空間で、左側は男性の空間。右側の棚には食器や容器、調理道具などが置かれていた。私が座ったのは男性の空間で、このベッドの側には馬の鞍などがあった。また出入口すぐの左右には青いプ

突然の訪問にも快くもてなしてくれた
遊牧民のバダムハンドさんと甥っ子たち。

ラスチック製の大きな樽があって、ここにアイラグ（馬乳酒）が入っていたようだ。

ゲルの中は仕切りがないので全体が家族の共有スペースである。ベッドは文字通り寝るための寝具であり、椅子でもある。注意しなければならないのは、中央の2本の柱の間を絶対に通ってはいけないということ。この神聖な空間を横切ると、不幸が訪れると信じられている。またベッドに座って食事をしている際、ベッドの上に食器類を置いては失礼にあたるので、絶対にいけないとオトゴンさんに言われた。床に茶碗を置くことは問題ないそうだ。

さて、ゲルに招き入れてくれたバダムハンドさんは、モンゴル人ドライバーやオトゴンさんと寛いだ雰囲気で会話をしながら、手際よくもてなしの準備をしてくれた。乾燥させたアーロール（チーズ）を仏様を祀っている正面の棚から取り出し、スーティ茶の入ったポットをテーブルに置いた。驚くほど硬いアーロールを食べながら、3人は自己紹介でもしているのだろうか。笑顔のバダムハンドさんは話をしながら、

バダムハンドさんのゲルの内部。
男女のスペースが分けられている。

なれた様子で馬乳酒を大きな樽から磁器製の器に注ぎ、そこからアヤガ（茶碗）に注いで我々にすすめてくれた。

　そうこうするうちに揚げたてのホーショール（揚げ餃子）が運ばれてきた。同居する義母が隣のゲルで調理してくれたのだろうか。香ばしい匂いが漂った。手のひらほどの大きさのホーショールの中身は羊の内臓だそうだ。手でホーショールをつまむとまだ温かい。

バダムハンドさんが揚げたてのホーショールでもてなしてくれた。鉢に入っているのは馬乳酒。

新鮮な具材を使っているのだろう、臭みがまったくない。聞かなければ内臓とは思わなかっただろう。ごろりとした肉の塊は歯ごたえがある。私は特に腹が空いていたわけではないが、ペロリと平らげてしまったほどだった。

　今度は馬乳酒である。馬乳酒の茶碗をありがたく受け取ったものの、正直なところ、一瞬躊躇った。というのも、以前飲んだ馬乳酒は酸味が強く、クセがあり、お世辞にも美味しいとは思えなかったからだ。しかし、バダムハンドさんへの礼を失するわけにはいかない。一口ごくりと飲んだ。

　それは実に飲みやすい馬乳酒であった。真っ白なクリーミーな色といい、喉越しがさっぱりしていて、酸味も強くないし、ほのかな甘味すら感じる。オトゴンさんは、あまりの美味しさに、バダムハンドさんが初秋に馬乳酒を売りにウランバートルへ来ると聞くや、自分の連絡先を紙に書いて手渡し、馬乳酒を購入したいので、必ず連絡してくれるように頼んでいた。都会に暮らすモンゴル人にとっても、それほど美味しいのだという。

　馬乳酒を飲み、ホーショールを食べながら、バダムハンドさんとの会話を楽しんだ。彼女の夫は今、家畜を追って草原にいるとのこと。夫婦には４人の子供がいて、長女はウランバートルの病院で医者として働き、次女は同じウランバートル市内の大手企業で経理を任されているらしい。長男は遊牧民として暮らし、末っ子の次男はつい先日ロシア留学から帰ってきたばかり。ウランバートルで仕事を探すと言う次男にはしばらくの間、家畜の世話やら、草原での冬支度を手伝ってもらっているそうだ。バダムハンドさん夫婦は１０００頭を超える家畜を所有するらしく、その数からみても、人手は必要なのだろう。

　遊牧民でも、成人した子供たちは都市部で働き、老夫婦だけが、遊牧を続けるというのは、現代モンゴルの社会ではよく聞く話だそうだ。実際、モンゴルの全人口約３００万人のうち、半数近くの１３０万人以上がウランバートルに集中していると聞けば、うなずける話である。

　バダムハンドさん夫婦は、夏の間は

今の場所にゲルを設営し、冬には山の方へと移動するそうだ。また春になると、そこから少し離れた別の場所へと移る。つまり年に3回移転する遊牧生活を続けている。かつて遊牧の人々は季節ごとに移って暮らしていたが、近年、年に2回のみ移動して暮らす人も少なくないという。

遊牧民は縦横無尽に自由に好きなように草原を移動しているイメージがあるが、実はそうではないという。この辺りが自分達の使う土地という、おおよその範囲が決まっていて、範囲外の牧草地に家畜の群れを追うことは、基本的にはしないと聞いた。そして、彼らは家畜にとって最良の牧草を食べさせるために移動し、家畜が牧草を食べ尽くさないようにまた移動する。一カ所に居続けることで家畜が草を食べ尽くしてしまえば、牧草は再生できなくなる。移動することで、豊かな牧草地が残されているのである。自然と共存する知恵を遊牧民は受け継ぎ、それを守り、次世代へと繋いでいる。実際、帰り際、バダムハンドさんの義母が家畜の群れが遠くに行きすぎているから連れ戻すようにと言っていた。青々としたモンゴルの大草原は、遊牧民の存在なくしては維持されないのだろう。

こうして小一時間のゲル訪問を終えたのだが、ただ、ひとつ心残りがある。スーティ茶に手を付けずにお暇したことだ。家庭ごとに受け継ぐ茶の味があると想像すれば、例えば、ウランバートルのガンダン寺で少女がふるまってくれたスーティ茶や、レストランとの味の違いを知るチャンスであった。実に惜しいことをしたが、次にモンゴルを訪れた時の楽しみとしよう。

バダムハンドさんのゲルのホイモル（正面）には、
飾り棚の上に仏様と、写真や賞状が飾られていた。

≪郊外の国立公園１≫　ホスタイ国立公園
Hustai National Park

ウランバートルから南西に約100km、草原と小高い山々が連なる一帯にホスタイ国立公園（総面積約５万ha）が広がる。ここは、家畜化されたことのない野生馬タヒの保護区として知られている。タヒはモンゴル固有種で、体高約1.2m。足や首は短くて頭が大きく、たてがみが直立しているのが特徴。19世紀に帝政ロシアの探検家プルジェバルスキーが中央アジアの動植物標本を採取するなかでタヒを〝発見〟し、欧米に紹介したことから、彼の名をとってプルジェバルスキー馬とも、日本ではモウコノウマ（蒙古野馬）とも呼ばれる。

かつてモンゴル南西部の草原を駆けていた野生のタヒは1960年代後半、絶滅したと考えられている。そこでタヒを野生に戻す再野生化プロジェクトがスタートした。20世紀に入る頃、ウクライナやドイツなどの動物園に50頭超のタヒが送られていたことで、今度は欧州からモンゴルの草原にタヒを逆移入したのである。1992年から2000年までに、オランダなどから計84頭のタヒがモンゴルの草原に帰ってきた。現在、ホスタイ国立公園はタヒ320頭以上が棲息する世界最大の棲息地となっている。これらタヒの９割以上がモンゴル生まれだという。

タヒは、早朝と夕方の１日２回、水を求めて山から降りてくるというので、夕方、タヒを見に国立公園内をレンジャーらとともに四輪駆動車で巡った。タヒに限らず野生動物を見つけては、車を止めて車外に出た。姿を見ることができなかったものの、マーモットの鳴き声を聞き、優雅に空を舞うソウゲンワシを眺め、望遠鏡を使って尾根にいるモウコガゼルやアルガリ（野ヒツジ）を見た。

いよいよタヒの群れがよく現れるという水辺にやってくると、すぐ近くで１頭のオスと数頭のメス、そして仔馬の群れが水を飲んでいた。薄い茶色のタヒは競走馬に比べると、ずんぐりしていて愛嬌があるように思う。しばらく群れを見ていると、レンジャーが何やら別の方向を指差した。ものすごい勢いで６～７頭のタヒの群れが走り去っていった。

ホスタイ国立公園には、このほかにも、アカシカやノロジカ、ハイイロオオカミなども棲息しており、その多くは絶滅危惧種に指定されているという。国立公園の資料によると、哺乳動物（55種）のほかにも、野鳥は223種、昆虫は500種を超え、両生類（２種）や爬虫類（４種）、魚類（15種）の棲息が記録されている。

草原の一日を知る

遊牧民の昔ながらの生活を間近に見て、気軽に体験できるところがある。ウランバートルから西へ車で1時間30分ほども走っただろうか。緑の草原地帯に目当ての「モンゴリア・ノマディック」はあった。春から秋にかけてこの辺りの草原に暮らす、いわば〝現役の〟遊牧民が馬やヤクに乗ってやって来て、生活の様子を紹介し、彼らとの交流を楽しめるところだ。

ここで、ウランバートルのザナバザル美術館が収蔵するシャラブの2枚の絵画「馬乳酒の祭り」と「モンゴルの一日」を思い出してほしい（→38〜39頁）。絵の中で描かれていた遊牧民の生活の一端が目の前で繰り広げられる。ゲルの仕組みを知り、ゲルに必要なフェルト作りやゲルの骨組みとなる木片を結ぶ、皮の鞣しを体験する。子供が好きなシャガイという羊の踝の骨を使ったおもちゃで遊び、家畜を間近に見た。ゲルの中では、馬乳酒やスーティ茶、乾燥チーズのアーロールなどでもてなしを受けた。ゲル内の家具は今で

シャガイという羊の踝の骨を使った牌で遊ぶ子供。
モンゴリア・ノマディックにて。

も使っているそうだ。

最後にできたばかりの蒸留酒アルヒを賞味した。馬乳酒を飲みながら遊牧の生活や伝統などについての会話が弾み、笑顔が溢れる。2時間ほどの滞在であったが、楽しさの余韻がいつまでも残る時間を過ごした。

馬乳酒は、その名の通り、馬の乳を乳酸発酵とアルコール発酵させてつくる。搾乳できる夏にしか作れないため、モンゴルの人々にとっては特別な、贅沢な飲み物である。アルコール度数は1〜3%程度というから、ビールやワインなどよりも度数は低い。モンゴルでは子供の頃から栄養補給と整腸のために馬乳酒に親しんでいるのだ。

しかし、この地を初めて訪れた外国人は、美味しいからといって飲み過ぎると腹の具合がおかしくなりかねないので、注意が必要だろう。体内にある菌がこの国の人とは異なるのかもしれない。いずれにしても、滞在中、馬乳酒を勧められる機会があれば、モンゴルの味をぜひ一口は賞味してみることをお勧めする。

見学用に開放されているゲル内の家具は、
遊牧民が実際に使っているもの。

13世紀村

ウランバートルから今度は東へ約100km。エルデネ村にはチンギス・ハーンの時代の遊牧民らの生活を再現した屋外博物館「13世紀村」がある。テレルジ国立公園（→122頁）からもそれほど遠くない。ゴツゴツした岩肌が所々のぞく小高い山と草原にポツリポツリと点在するゲルを車で巡りながら、チンギス・ハーンが生きた13世紀当時の生活やその社会を見学する。車で移動中、草を食む羊や山羊の群れを目にすることもあり、屋外博物館にいることを忘れてしまうほどだ。

13世紀村では馬頭琴やヤトガ（箏）など民族音楽の演奏が楽しめる（上）。左頁の歌手が着ている衣装は17世紀、ザナバザルの時代のもの。

　金の宮殿と呼ばれる大きなゲルは、当時の食文化を再現したレストランになっている。馬頭琴の調べにのせて艶やかな声で歌う自然賛歌を聞きながら昼飯を食べた。

　羊肉の餃子を揚げた平べったいホーショールは臭みをそれほど感じなかった。干し肉入りのうどんは塩味で、刻みネギのような薬味が入っていて、日本人好みの食べやすい一品。スーティ茶や揚げパン、さらにサラダが目の前に並んだ。恐らくチンギス・ハーンの時代には、トマトとキュウリのサラダは食べてはいなかったと思われるが、それでも野菜不足になりがちなモンゴル滞在中はありがたい。食後は、当時の貴族の衣装を着て玉座での記念撮影などもできる。

　ここから車でゲルからゲルへと移動し、チンギス・ハーンの時代の生活を見て回った。遊牧民の生活を伝えるエリアでは、ゲルに入った瞬間に馬乳酒のツーンと鼻をつくような乳製品の匂いが香った。作っている最中だったらしく、ゲルの壁に掛けられたフフール（牛の皮袋）になみなみと満たされた馬の乳と攪拌棒が目に入った。我々の姿を見るや、女性が馬乳酒やウルムをテーブルに並べ、振る舞ってくれると同時に、モンゴルの伝統的な乳製品についてあれこれと教えてくれた。

ホーショール（揚げ餃子）と干し肉入りのうどん。13世紀村にて。

別のゲルでは、フェルトのパッチワークや民族衣装を作ったり、小麦を臼で挽いたり、牛の皮を鞣したり。兵士のいるゲルは、駅站を模しているようだった。当時の兵士の役割などを説明してくれた青年は、ここからそれほど遠くない草原のゲルに暮らし、馬を飼って遊牧民として生活しているそうだ。

タタトンガの家（ここはゲルではなかった）では、ウイグル文字で名前を書いてくれた（左下）。縦書きのウイグル文字は一見すると梵字のようにも見える。タタトンガはチンギス・ハーンに捕らえられたウイグル人宰相である。チンギス・ハーンの命により、ハーンの子弟にウイグル文字でモンゴル語を書くことを教えたという。これがモンゴル文字の始まりと言われているのだそうで、このエピソードに因んだサービスである。

13世紀村は屋外博物館として囲いがあるわけではない。目の前にはどこまでも続く草原があって、すぐ側で家畜の群れが草を食み、山羊の鳴き声が響く。草原を歩けば、足元でバッタが跳ね、家畜のフンを踏みそうになる。そんなモンゴルのどこにでもある草原の日常を知る機会でもある。

訪れた日、突然の通り雨に見舞われた。雨上がりの草原の匂いにはどこか懐かしさを覚えるような、青臭さのような独特なものがある。雨に感謝。何か得をしたような気になった。

13世紀村ではウイグル文字で名前を書いてくれたり（下左）、民族衣装を着て撮影したり（下右）、様々な体験ができる。スーティ茶（上）は食事の時には欠かせない飲み物。

テレルジ国立公園内のゲル・キャンプの歓迎アトラクション。
民族音楽に合わせての舞踊（上）と、モンゴル相撲（下）。

≪郊外の国立公園２≫　テレルジ国立公園
Gorkhi Terelj National Park

緩やかな起伏のある草原とマツの木が茂る山々、トーラ川に代表される清流、ゴツゴツとした花崗岩剝きだしの崖や奇岩が風景にアクセントをつける、風光明媚なテレルジ国立公園（総面積293.2ha）。ウランバートルの北東50〜70km、車に乗って約1時間30分でアクセスできる。そんな気軽さもあってか、ウランバートルの人々にとってテレルジ国立公園は社会主義時代から、週末の憩いの場としてレクリエーションを目的に訪れるようなところ。ゲルに宿泊できるツーリストキャンプ場も多数点在する。

夏に特に人気の高いアクティビティは乗馬である。数日間かけて国立公園北部地域へと入っていく乗馬トレッキングツアーも行われているが、遊牧民のゲルで馬を借りて1時間ほどの乗馬体験も可能だ。馬の原種であるタヒのように、ゲルの外に繋がれていた馬はどれも小さめ。乗馬初心者にとっては恐怖心が煽られなくていいかもしれない。さすがの手綱さばきを見せるモンゴル人青年の案内で、モンゴルの人々の信仰の対象である亀石へと向かった。案内役の青年は無口だが、客とその馬の様子を気づかい、地面の凸凹を避けて通るなどのさりげない気配りが好印象。颯爽と馬を駆ることができなくても、花崗岩の岩肌と起伏のある草原を見ながら、手綱を握って乗馬する楽しさは変わらない。亀石は独立した岩で、横から見ると本当にカメのように見える。その高さ約15m。テレルジ国立公園の見所のひとつである。

フラワーハイキングは注目のアクティビティ。５〜６月頃に雨が降った年の夏は、とりわけたくさんのワイルドフラワーが咲くと言われている。ピンク色のナデシコや、黄色のキンポウゲ、オレンジ色のポピー、淡い藤色のアズマギクや紫色のリンドウ、白いエーデルワイスなど、それら花々の仲間と思われるワイルドフラワーが草原にちりばめられる。可憐な花々を求めて蝶が飛び、地面をバッタが跳ねる。

国立公園のガイドブックによると、テレルジ国立公園とその北側に隣接するハーン・ヘンティー自然保護区には、約1200種もの植物が確認されており、このうち51種類はこの地区でしか見ることができない。また、モンゴルに棲息する全植物種のうち約64％がこの国立公園と自然保護区で確認されているという。

ベストウェスタン・プレミア・トゥーシン・ホテル
Best Western Premier Tuushin Hotel

世界最大規模を誇るベストウェスタン・グループのベストウェスタン・プレミア・トゥーシン（客室数198室）が2014年、チンギス・ハーン広場近くに開業。レストラン（2軒）と25階にラウンジバーを完備し、ギフトショップやアートギャラリー、スパ（サウナ、スチームバス、ジャグジー）など設備も充実している。客室にはモンゴル人アーティストによる、この国の風景や生活の様子を描いた切り絵が飾られている。無料のWi-Fiも。日本語、英語など各国言語で対応できるスタッフが待機しているのは心強い。

住所: Prime Minister Amar's Street 15, Ulaanbaatar 14200, Mongolia
http://bestwesternmongolia.mn/

ブルースカイ・ホテル&タワー
The Blue Sky Hotel and Tower

2012年開業のブルースカイ・ホテル&タワー（客室数200室）は、チンギス・ハーン広場に面した絶好のロケーションを誇る。寿司がメインの日本料理をはじめ、韓国や中華、西洋料理を提供するレストランが5軒、さらに2つのラウンジを備える。3階のフィットネスクラブにはスイミングプール、ジムのほか、浴場とサウナを完備。客室には無料のWi-Fiによるインターネット接続も。

住所: Peace Avenue 17, Sukhbaatar District, 1 Khoroo,
Ulaanbaatar 14240, Mongolia
https://hotelbluesky.mn/

ルを模したラグジュアリーなコテージタイプ（客室面積120㎡）のホテルもある。バスルームを完備し、室内からはガラス越しに大草原が見渡せるなど、快適にゲルの雰囲気と大草原を体感できる。

ジュルチン・バヤラグ・ゲルキャンプ
（テレルジ国立公園）
Juulchin-Bayalag Ger Camp
住所: Gorkhi Terelj National Park, Nalai'kh, Ulaanbaatar, Mongolia

ホスタイ・ツーリストリゾート
（ホスタイ国立公園）
Hustai Tourist Resort
http://www.hustai.mn/

ムンフ・テンゲル・ツーリストキャンプ
（ハラホリン村）
Munkh Tenger Tourist Camp

HSハーン・リゾートホテル
HS Khaan Resort Hotel
住所: Khui doloon hudag, Argalant soum, Tov aimag,
Ulaanbaatar, Mongolia
http://www.hs-khaan-resort.com/

モンゴルホテル事情

ウランバートルでは近年、ホテル開業が相次ぎ、国際的なホテルチェーンも続々と進出している。よく知られた高級ホテルから地元資本のホテル、さらには経済的なホテルまで選択肢は幅広い。中級以上であれば、基本的にWi-Fiなどによるインターネット接続は一般的と言えるだろう。設備の整った人気のホテルを紹介しよう。

チンギス・ハーン・ホテル
Chinggis Khaan Hotel

1994年の開業以来、地元で愛されている大型高級ホテル、チンギス・ハーン・ホテル（客室数196室）。西洋料理と本格的なモンゴル料理の「テムジン（Temuujin）」と中華料理の「ミスター・ウォン（Mr. Wang）」は地元でもよく知られたレストラン。デラックスルーム・カテゴリーのアメニティはフランスの自然派化粧品ロクシタンで揃えている。アクアフィットネス、サウナやジムを完備し、ホテルはショッピングセンターにも直結していて便利。チンギス・ハーン広場からは2km圏内。

住所：Tokyo Street 10, Ulaanbaatar 49, Mongolia
http://www.chinggis-hotel.com/

せっかくモンゴルを訪れたのだから、遊牧民のように1泊ぐらいはゲルに宿泊したいという旅行者は多いだろう。テレルジ国立公園やホスタイ国立公園、あるいはエルデニ・ゾー寺院のあるハラホリン村などには、ゲルのツーリストキャンプ場があり、気軽にゲル滞在が体験できる。

ゲルは思った以上に広いスペースで、棚やテーブル、ベッドなどが配されている。ゲルの中央部分に置かれたストーブに薪をくべて深夜の冷え込みに備えるので、仮に夜の冷える8月下旬や9月の滞在であってもそれほどの不自由は感じないだろう。雨が降れば、雨音を聞きながら眠りにつくロマンティックな夜も。基本的にゲルの中にトイレやシャワーは備えておらず、宿泊客による共同利用となる。

一方で、ウランバートル郊外、モンゴル最大の祭りナーダムの会場近くにあるHSハーン・リゾートホテル(全25棟)のように、ゲ

あとがき

首都ウランバートルの煌めく夜景は、モンゴルのめまぐるしい経済成長の証なのだろう。昼間の交通渋滞はこの街の常となり、富裕層も確実に増えているようだ。だが、ふと目を閉じて思い出す情景は、ザナバザルの艶麗なまでの菩薩像であり、草原で出会った遊牧の人々の笑顔とはにかみの表情、どこまでも広がる青々とした草原と羊や山羊の群れである。「仏教美術」と「草原」という2つのキーワードを手がかりにモンゴルを旅し、そこでの出会いと発見、受けた多くの親切に感謝したい。より多くの人がこの国の魅力に触れ、新たな発見と喜びを感じるモンゴル旅行を楽しんでいただきたい。

菊間潤吾

主な参考文献

原山煌『モンゴルの神話・伝説』東方書店、1995
嘉木揚凱朝『モンゴル仏教の研究』法藏館、2004
金岡秀郎『モンゴルを知るための60章』明石書店、2000
木村理子『モンゴルの仮面舞儀礼チャム　伝統文化の継承と創造の現場から』風響社、2007
小長谷有紀『モンゴル草原の生活世界』朝日選書、1996
小長谷有紀『草原の遊牧文明　大モンゴル展によせて』千里文化財団、1998
松川節『図説　モンゴル歴史紀行』河出書房新社、1998
宮脇淳子『モンゴルの歴史　遊牧民の誕生からモンゴル国まで』刀水書房、2002
司馬遼太郎『街道をゆく5 〈新装版〉モンゴル紀行』朝日文庫、2008
菅沼晃『モンゴル仏教紀行』春秋社、2004

Bernd Steinhauer-Burkart & Alois Liegl, *Gorkhi-Terelj National Park and Khan Khentee Strictly Protected Area* (Nature-Guide No.2 Mongolia, Eco-Nature Edition), 2001

Don Croner, *Guidebook to Locales Connected with the Life of Zanabazar* : *First Bogd Gegeen of Mongolia,* Polar Star Press, 2006

Dorjiin Dashbaldan, *Fine Arts Museum,* Editions Findakly, Paris, 1993

Mendsaikhan Otgonbileg (Ed.), *Masterpieces of Bogd Khaan Palace Museum,* The Wisdom of Chinggis Khaan Magazine, Mongolia, 2013

N. Saruul & U. Sarantuya & J. Munkhzul & D. Tsedmaa, *The Fine Arts Zanabazar Museum : Unique Masterpieces,* Admon Print, 2013

写真撮影
広瀬達郎（新潮社）
上釜一郎（株式会社ワールド航空サービス）
Dashzeveg Amaraa
（ダシゼベグ・アマラー　在ウランバートル）

ブックデザイン
仁木順平

シンボルマーク
nakaban

とんぼの本

新モンゴル紀行
ザナバザルの造りし美仏のもとへ

発行　2016年4月25日

著者　菊間潤吾
発行者　佐藤隆信
発行所　株式会社新潮社
住所　〒162-8711 東京都新宿区矢来町71
電話　編集部 03-3266-5611
　　　読者係 03-3266-5111
ホームページ　http://www.shinchosha.co.jp/tonbo/
印刷所　半七写真印刷工業株式会社
製本所　加藤製本株式会社
カバー印刷所　錦明印刷株式会社

乱丁・落丁本は御面倒ですが小社読者係宛お送り下さい。
送料小社負担にてお取替えいたします。
価格はカバーに表示してあります。

ISBN978-4-10-602266-1 C0326